共生社会をつくる

認知症カフェ
企画・運営マニュアル

矢吹知之 ／ ベレ・ミーセン 編著
Tomoyuki Yabuki　Bère Miesen

基本、実践、
評価の
ポイントが
わかる

中央法規

はじめに

執筆の経緯とねらい

　日本の認知症カフェが黎明期にあった2016年に『認知症カフェ読本ー知りたいことがわかるQ&Aと実践事例』を出版しました。この本は先駆的であったオランダとイギリスのアルツハイマーカフェ、そして日本の認知症カフェのフィールドワークから、認知症カフェのめざすべき方向を整理し、「始め方」を中心にまとめたものです。その後の実践から見えてきた認知症カフェは、「地域を変える」可能性に満ちたものでした。そして『地域を変える　認知症カフェ企画・運営マニュアルーおさえておきたい原則と継続のポイント』（2018年）の執筆に至りました。こちらは、アルツハイマーカフェの創始者であるベレ・ミーセン氏との共編で、「確かな継続」を実現するための書籍です。ベレ氏は、この本を通じて、理念なき実践は揺らぎをもたらし、哲学なき実践は継続を妨げることを教えてくれました。

　そして本書は、その後、7年が経過するなかで得た知恵と経験をふまえて新たに生まれました。感染症の流行による中断や閉鎖がありながらも、認知症カフェの数は、現在8000か所を超えています。また「認知症基本法（共生社会の実現を推進するための認知症基本法：2024年)」において「共生社会の実現」が掲げられたことにより、認知症カフェに期待される役割はさらに増しています。すべての人が水平な関係で集う、共生社会の縮図ともいえる認知症カフェには、揺るがない哲学を基盤に、それぞれの地域と"いま"に合わせたアレンジが求められます。地域性や社会の変化に合わせて、変えていかなければならないことがある一方で、認知症カフェであり続けるために、変えてはならないこともあります。本書は、この視点を大切に、共生社会の実現をめざす認知症カフェを企画・運営するための手引書として執筆しました。

理念があればアレンジができる

　私自身の環境も変わりました。仙台市から高知市に居住を移し、仲間とともに約1年の準備期間を経て、新たな認知症カフェを立ち上げました。まったく知らない土地で認知症カフェを立ち上げるにあたっては、この地域の仲間と認

知症カフェの理念や哲学（だれのための、何のための場所なのか）を共有する
プロセスが大切な拠り所になりました。そしていざ実践したとき、気候や人
柄、地域性や文化などの環境は違っても、認知症カフェの本質は変わらないこ
とを実感しました。本書は、こうした経験もふまえ、より普遍的で汎用性の高
い新たな企画・運営マニュアルとなりました。

認知症カフェが「共生社会」をつくる

　「共生社会をつくる」。これは、壮大なテーマですが、それを実現するために
認知症カフェがあるように思います。認知症カフェは、日常の延長線上にある
ことが大切です。日常生活はあいまいで雑然としていて、予定調和にならない
ことばかりです。そんな日常のなかの学びと出会いの場を認知症カフェという
空間で意図的につくり上げることは、とてもむずかしいことです。いつの間に
か理解が深まるミニ講話、いつの間にか主体的に考えることができるようにな
るプログラム、何度も通いたくなる環境など、工夫と配慮にあふれた場所をつ
くるために何をすればよいのでしょうか。

　社会全体が変わるには、長い時間が必要ですが、多様な人々が集まる認知症
カフェで、「小さな共生社会」をつくることを始めることはできます。そんな
認知症カフェが継続し、広がっていけば、必ず社会全体が変わっていくと信じ
ています。

たくさんの小さな物語

　認知症カフェで、ある母娘と出会いました。娘さんは「いつも外出したがら
ない母が、ここにだけは行きたがるんです」とうれしそうに話します。毎回、
だれよりも早く来る老夫婦は、お気に入りの席に座ると、若い頃の話をとつと
つと話してくれます。ある60歳代の女性は、いつも一人で来て、一人で過ご
すことを好み、ほほえみながら会釈をして帰っていきます。この方もまた認知
症であり、長く一人暮らしをしています。最近出会ったあるご夫婦は、二人と
も認知症です。「近所だから」と歩いて来て、いちばん前の席でミニ講話を聴
き、毎回質問をしてくれます。そして仲よく手をつないで帰っていきます。

　認知症カフェで出会う人たちのどこにでもある小さな物語は、みなバラバラ

です。でも、認知症カフェという場でなぜか調和し、それぞれの物語が重なり合います。認知症カフェに来て、その人たちの生活にどのような効果や意味があったのかはわかりません。自然に来なくなった人もいますし、グループホームに入居した人や亡くなった人もいます。前を通り過ぎるだけの人、居場所と感じている人、逃げ場と感じている人など、認知症カフェのとらえ方はさまざまですが、一人ひとりの人生の一場面として確かに存在していると感じます。

帰り際に「また来てくださいね。待っていますから」と声をかけると「楽しみにしているね」と返してくれる。そんな会話が繰り返されて交わり、いつの間にか日常になっていく場所、何気ない愛情を感じられる言葉が、認知症とかかわりがなかった人たちにも広がっていく、そのような場所が認知症カフェであると思います。

最後に、この本は認知症カフェへの深い愛情をもった編集者である須貝牧子さんとの出会いなくしては世に出ることはありませんでした。そして、共著者である仙台の師、加藤伸司先生には、水平でやわらかく、そして鋭く示唆に富む教えの数々に深く感謝申し上げます。親愛なるベレ・ミーセン先生、あなたの苦しみと反省、認知症の人への愛情から生まれたアルツハイマーカフェは、日本の認知症観を変えようとしています。あらためてあなたの友情に深く感謝します。

2025年2月　矢吹知之

目次

はじめに

第 1 章 認知症カフェの基本

1 認知症カフェとは

① 10年が経過した認知症カフェの状況 · · · · · · · · · · · · · · 2
② だれのための場所なのか · · · · · · · · · · · · · · · · · · · 3
③ 何のための場所なのか · 5
④ なぜ、身近な場所で定期的に開催されるのか · · · · · · · · · 6
⑤ 共生社会をつくる認知症カフェ · · · · · · · · · · · · · · · 7
⑥ 地域を変える認知症カフェ · · · · · · · · · · · · · · · · · 8

2 認知症カフェの役割

① 空白の期間の解消につながる · · · · · · · · · · · · · · · · · 9
② 認知症とともに生きる準備ができる · · · · · · · · · · · · · 11
③ 絶望を希望に変える「声」を伝える · · · · · · · · · · · · · 13
④ 社会的な落差を小さくする · · · · · · · · · · · · · · · · · 14
⑤ 認知症に対する偏見を低減させる · · · · · · · · · · · · · · 16

3 アルツハイマーカフェの哲学

① アルツハイマーカフェの始まり · · · · · · · · · · · · · · · 20
② アルツハイマーカフェの広がり · · · · · · · · · · · · · · · 26
③ アルツハイマーカフェのコンセプト · · · · · · · · · · · · · 27
④ アルツハイマーカフェのいまとこれから · · · · · · · · · · · 30

4 アルツハイマーカフェから認知症カフェへ

① 各国における多様な展開 · · · · · · · · · · · · · · · · · · · 34
② 「認知症カフェ」登場前の集いの場 · · · · · · · · · · · · · · 38
③ 認知症カフェの登場とこれまでの活動との違い · · · · · · · · 42

第 2 章 認知症カフェ企画・運営マニュアル

1 認知症カフェの理念

- ❶ すべての人が「当事者」である ･････････････････････････ 46
- ❷ 認知症について語り合える ･･･････････････････････････ 47
- ❸ 認知症に関する情報が得られる ･･･････････････････････ 49
- ❹ 認知症とともに生きる物語をつくる ･･･････････････････ 50

2 認知症カフェの運営体制と企画・運営者（モデレーター）の役割

- ❶ 「継続」を意識した体制をつくる ･････････････････････ 51
- ❷ 運営スタッフを集める、見直す ･･･････････････････････ 53

3 認知症カフェの目的と構造（プログラム）

- ❶ 目的と方法を一致させる ･････････････････････････････ 57
- ❷ 認知症カフェの構造化 ･･･････････････････････････････ 58

4 ミニ講話の効果と実施方法

- ❶ ミニ講話はなぜ必要なのか ･･･････････････････････････ 62
- ❷ ミニ講話で何を伝えるのか ･･･････････････････････････ 63
- ❸ だれが、どのように伝えるのか ･･･････････････････････ 64

5 評価と改善

- ❶ 評価の方法 ･･･ 70
- ❷ 3つの評価の要素 ･････････････････････････････････････ 70
- ❸ 認知症カフェの効果測定 ･････････････････････････････ 72

第 3 章　認知症カフェにおけるコミュニケーション

1　認知症カフェにおける専門職の姿勢

❶ 認知症カフェで「対話」をする ・・・・・・・・・・・・・・・・・・・・・ 76
❷ いまの自分のこととして受け止める ・・・・・・・・・・・・・・・ 77
❸ 相手の声に身をゆだねてみる ・・・・・・・・・・・・・・・・・・・・・ 77
❹ 心理的なハードルを下げる ・・・・・・・・・・・・・・・・・・・・・・・ 78
❺ オープンさを演出する ・・・・・・・・・・・・・・・・・・・・・・・・・・・ 81

2　認知症カフェにおける「対話」の基本

❶ 多様な属性を意識する ・・・・・・・・・・・・・・・・・・・・・・・・・・・ 84
❷ 本人・家族のあいまいさを支える ・・・・・・・・・・・・・・・・ 86
❸ 認知症についてオープンに話す ・・・・・・・・・・・・・・・・・・ 88

3　認知症カフェにおけるコミュニケーション

❶ 認知症カフェにおけるコミュニケーションの意味 ・・・ 91
❷ 人を理解するということ ・・・・・・・・・・・・・・・・・・・・・・・・・ 91
❸ 認知症の人とのコミュニケーション ・・・・・・・・・・・・・・ 93
❹ 認知症の人の家族とのコミュニケーション ・・・・・・・・ 98

第 4 章　Q&Aでわかる 認知症カフェの運営と継続

1　認知症カフェの基本的なこと

Q1　認知症カフェとサロンやミニデイとの違いは何ですか ・・・・・・・・ 104
Q2　認知症カフェと本人ミーティング、一体的支援プログラムとの
　　違いは何ですか ・・・・・・・・・・・・・・・・・・・・・・・・・・・・・・・・ 105
Q3　認知症カフェについてどのように説明したらよいですか ・・・・・・・ 106
Q4　「認知症カフェ」という名称をつけなければならないのですか ・・・・ 107
Q5　保健所への届け出や感染症対策について教えてください ・・・・・・・ 108
Q6　感染症が流行するなかで継続や再開をするにはどうしたらよいですか ・・・ 109

2　運営方法について

Q7　月に何回、開催したらよいですか ・・・・・・・・・・・・・・ 110

Q8　何曜日の何時頃に開催するのがよいですか ・・・・・・・ 111

Q9　どのような場所で開催するのがよいですか ・・・・・・・ 112

Q10 「カフェ」と呼べるような場所が見つからない場合は、
　　　どうしたらよいですか ・・・・・・・・・・・・・・・・・・・・・・・ 113

Q11 どのような体制で運営したらよいですか ・・・・・・・・・ 114

Q12 参加費はいくらがよいですか ・・・・・・・・・・・・・・・・・・ 115

Q13 初期費用や補助金について教えてください ・・・・・・・ 116

Q14 必要な物品について教えてください ・・・・・・・・・・・・・ 117

Q15 事前・事後のミーティングでは、どのような話をしたらよいですか ・・・ 118

Q16 効果的なチラシのつくり方を教えてください ・・・・・・・・ 119

3　プログラムや流れについて

Q17 認知症カフェの「構造化」とは何ですか。なぜ必要なのですか ・・・・・ 120

Q18 「情報提供」はどのようにしたらよいですか ・・・・・・・・ 121

Q19 「情報コーナー」にはどのような工夫が必要ですか ・・・・・・・ 122

Q20 「ミニ講話」の内容について気をつけることはありますか 123

Q21 「カフェタイム」の目的は何ですか ・・・・・・・・・・・・・・・ 124

4　運営方法の改善

Q22 地域の人に運営にかかわってもらうには、どうしたらよいですか ・・・ 125

Q23 ミニ講話の講師を招く予算がありません。どうしたらよいですか 126

Q24 会場からあふれるほど人が集まります。どうしたらよいですか ・・・ 127

5　多くの人に来てもらうための工夫

Q25 地域の人に来てもらうにはどうしたらよいですか ・・・・・・・ 128

Q26 交通の便の悪い中山間地域で開催するにはどうしたらよいですか 129

Q27 認知症の人に来てもらうにはどうしたらよいですか ・・・・・・・ 130

Q28 認知症の人の家族に来てもらうにはどうしたらよいですか ・・・・・ 131

Q29 入口と出口でのかかわりはどうしたらよいですか ・・・・・・・・ 132

6　継続と発展に向けて

Q30　毎回の運営負担を軽くするにはどうしたらよいですか ・・・・・・　133

Q31　マンネリ化してきています。どうしたらよいですか ・・・・・・・・・　134

Q32　新しい来場者が増えません。どうしたらよいですか ・・・・・・・・・　135

Q33　「サロン」のような場所になってしまいました。
　　　どうしたらよいですか　・・・・・・・・・・・・・・・・・・・・・・・・・・　136

Q34　「認知症の人の居場所」となっていますが、それでもよいですか ・・・　137

Q35　認知症カフェの効果を測定することはできますか ・・・・・・・・・・　138

7　地域の人の要望にどう応えるか

Q36　地域の人から「歌や体操をしたい」と言われます ・・・・・・・・・・　139

Q37　地域の人から「認知症予防に取り組みたい」と言われます ・・・・・・　140

Q38　材料を持ってきて、モノづくりをする人がいます ・・・・・・・・・・　141

Q39　質疑応答で手を挙げたり、質問したりする人がいません ・・・・・・・　142

Q40　認知症の人の前で「私は認知症にはならない」と断言する人がいます ・・・　143

Q41　「騒がしいからもう来ない」と言って帰ってしまった人がいました ・・・　144

8　認知症の人とのかかわり

Q42　認知症の人に何か役割を担ってもらう方法を教えてください ・・・・・　145

Q43　認知症カフェに来る途中で行方不明になった人がいました。
　　　対応や防止策を教えてください　・・・・・・・・・・・・・・・・・・・　146

Q44　認知症の人が「自分のことがいやになってしまう…」と嘆いています ・・・　147

Q45　認知症と診断された人が自動車やオートバイを運転して来ます ・・・・　148

9　家族とのかかわり

Q46　家族から「本人に『認知症かもしれない。病院に行ってほしい』と
　　　伝えられない」と相談を受けました　・・・・・・・・・・・・・・・・・　149

Q47　家族から「父が入所している施設に対して不満があるのですが」と
　　　相談を受けました　・・・・・・・・・・・・・・・・・・・・・・・・・・　150

Q48　「認知症の母を呼び寄せて同居すべきか悩んでいます」と
　　　相談を受けました　・・・・・・・・・・・・・・・・・・・・・・・・・・　151

Q49　「認知症であることを知られたくないので本人を連れて来られない」
　　　と言う人がいます　・・・・・・・・・・・・・・・・・・・・・・・・・・　152

参考文献

第 1 章

認知症カフェの基本

「始めるということはごく一部であり、品質を維持することはアートのようなものだ」

これは、オランダの『アルツハイマーカフェ・マニュアル』の一文です。認知症カフェを始めることの大変さはもちろんですが、認知症カフェの質を維持し、継続していくことのむずかしさと、柔軟であることの大切さを説明したものです。また、マニュアルがバリエーションを生む余地を与えることを意味しており、企画・運営者には、マニュアルに忠実に従うことではなく、認知症カフェの基本を大切にしつつ、地域性や来場者によって柔軟に、しなやかに変化させていくことが求められます。ここでは標準的な指針を示しています。みなさんの暮らす地域をキャンバスとして、本書をもとに、人々の個性、地形、気候、文化、そして企画・運営者の個性とその仲間に合わせて柔軟にアレンジしてほしいのです。それが「アート」という言葉の意味です。

1 認知症カフェとは

❶ 10年が経過した認知症カフェの状況

　認知症カフェは、2012年に策定された「認知症施策推進5か年計画」（オレンジプラン）ではじめて日本に紹介され、その後2015年の「認知症施策推進総合戦略」（新オレンジプラン）、2019年の「認知症施策推進大綱」に引き継がれました。

　認知症カフェの全市町村への設置をめざし、数値目標が掲げられていますが、行政説明資料には、認知症地域支援推進員が企画・調整を行うことと、実施例がいくつか示されていただけで、具体的な運営方法についての説明はありませんでした。また、給付事業ではないため、設置基準などは設けられず、実質的には各市町村の解釈にすべて任されています。「認知症施策推進大綱」（2019年）には、認知症カフェについて下記のとおり説明されています。

> 認知症の人やその家族が、地域の人や専門家と相互に情報を共有し、お互いを理解し合う場。地域の実情に応じて認知症地域支援推進員が企画する等様々な実施主体・方法で開催されている。

　実際に企画・運営に携わる人は、この説明だけではどのように進めたらよいのかわかりません。そこで、多くの場合、先行してオープンしている認知症カフェを見学し、その方法を真似したり、アレンジを加えたりしてそれぞれの地域で運営が始まりました。

　しかし、いざ始めてみると、高齢者サロンとほとんど同じ内容になってしまったり、認知症の人や介護者がまったく来ない、または認知症の人と家族だけのクローズな集まりになってしまったり、なかには、地域の人の要望から認知症予防の集まりになってしまったりと、「認知症カフェとは何か」を問わざ

るを得ないような難局に直面しました。そして、運営の方向性に迷ったとき
に、何が正しいのか、認知症カフェとは何なのかの答えが見つからず、結局そ
のまま運営している認知症カフェが散見される状況になっています。つまり、
明確な理念がないままに普及した結果、「哲学なき認知症カフェ」が乱立する
状況が生まれてしまいました。

　認知症カフェの存在を知ったとき、私は大きな期待を寄せました。当時、私
自身が家族を対象にした教育プログラムなどを実践するなかで、参加者が固定
化すること、認知症の本人の診断後支援の場の不足、本人・家族の社会的孤立
など、いくつかの限界を感じていたからです。

　現在、認知症カフェが日本に伝わり10年以上が経過しましたが、どのよう
な成果があったでしょうか。コロナ禍を乗り越えて再開した認知症カフェもあ
れば、いまだに再開できない認知症カフェもあります。どんな苦難に遭遇して
も揺るがない哲学と、迷ったときに立ち返る理念があれば継続の助けになるは
ずです。認知症カフェは、サロンや家族会などのこれまでの活動とは何が違う
のか。企画・運営者は、まずはこの問いに対してしっかりと答えをもつ必要が
あります。それを説明できなければ、せっかく苦労して運営しても、その意義
を理解してもらえません。それは認知症カフェの存在意義にもかかわる問題で
す。認知症カフェは、何をめざしているのか、だれのための何のための場所な
のかをあらためて考えていきましょう。

② だれのための場所なのか

　「認知症」という言葉を使うと「私は認知症ではないから」と敬遠されるた
め、「認知症カフェ」という名称を変えたほうがよいという人がいます。「認知
症カフェは認知症の人のための場所」というイメージがあるからではないで
しょうか。

　認知症カフェに類似する活動として、高齢者サロンやミニデイサービス、コ
ミュニティカフェ、ケアカフェなどの集まりがあります。これらの集まりは、
高齢者のため、認知症の人のため、家族のため、専門職のため、地域の人のた
めといったように、年齢や属性、役割、居住地ごとの集まりですが、認知症カ

1　認知症カフェとは　　3

フェは、認知症の人、その家族、地域の人、専門職などすべての人が対象です。つまり、認知症であるかないかはもちろんのこと、年齢や性別、職業なども関係なく、すべての人が対象なのです。そのために、すべての人が「ここに来てよかった」「また来たい」と思えるように、時間や場所、プログラム、環境などを工夫したり、配慮したりする必要があります。

認知症カフェでは、みなが同じ立場で、場所と時間を共有します。認知症カフェでは、認知症の診断前の人も診断後の人も、分け隔てなく同じ場と時間を共有します。認知症は、だれもがいずれなり得る病気です。同時に、だれもが介護者にもなり得ます。認知症になっても安心してこれまでと同じように、あたりまえに生きていく。そのためには、すべての人が認知症について理解を深め、自分事として考えていくことが大切です。だからこそ、認知症カフェは「すべての人」が対象者なのです。

表1-1 ● 認知症カフェとその他の活動の違い

	認知症カフェ	家族会	高齢者サロン	本人ミーティング	認知症の人と家族の一体的支援プログラム*
目的	地域に認知症への理解を啓発 ソーシャルアクション	家族の介護負担の軽減 知識や情報の共有	高齢者の孤立防止 介護予防	本人の知恵や知識、生活の工夫などの情報共有	診断後からの家族関係の構築
対象者	認知症の人 家族 地域住民 専門職	家族	地域の高齢者	認知症の人	本人を含めた家族（さまざまな形の）
主な方法	ミニ講話 対話	話し合い 情報共有	レクリエーション 会食	話し合い 情報共有	出会い 話し合いに基づく活動
時期	診断前から	診断後から	診断前から	診断後から	診断後から
運営	だれでも	家族介護者	地区社協	本人が中心	地域支援推進員

＊オランダの「ミーティングセンター・サポートプログラム」を、日本の地域性に合わせて事業化したもの。2022年から「地域支援事業」に位置づけられている。

3 何のための場所なのか

認知症カフェは、「認知症」をキーワードに、さまざまな背景をもつ人が出会い、つながることで、地域全体に認知症に対する理解の輪が広がっていくことをめざしています。そのため、訪れる人一人ひとりに得るものがあり、自然に人と人がつながることができるような工夫と配慮が必要です。

認知症について、違和感や異変に最初に気づくのは本人です。しかし、「まさか自分が…」というとまどいと疑い、「もしも認知症だったら…」という不安感を抱えながら、もう少し様子をみようと、診断を先延ばしにしてしまいます。本人は、認知症と診断されたらこの先どのように生活していけばよいのか、周囲の人にどう説明すればよいのか、どのように進行していくのかなど、不安な気持ちで押しつぶされそうになる経験をしています。それでも人に相談できないのは、認知症になると何もわからなくなる、慣れた場所で迷子になり警察のお世話になる、家族のこともわからなくなるなど、認知症に対して極端に偏ったイメージをもっているからです。

認知症に対するこのようなイメージは、認知症の人の行方不明や交通事故、高齢者虐待などのセンセーショナルな報道ばかりがなされてきたことも影響しています。しかしよく考えてみると、「認知症のおばあちゃんが一人で買い物をして、家で料理をしておいしくいただきました」というような、実際はよくある日常の出来事はニュースにはならないものです。認知症カフェが、日常生活の延長線上にある地域の身近な場所で、コーヒーを飲みながら学び合うというスタイルをとるのは、認知症について日常の暮らしのなかで理解を深めていくことをねらいとしているからです。テレビやインターネットのニュース、新聞では報道されない認知症の「人」、また病院や介護施設ではなく、地域で暮らす等身大の認知症の「人」の理解を深めるためです。

多くの人は、認知症の診断前後の生活や周囲からの扱われ方の落差がとても大きなものだとイメージしています。認知症カフェは、認知症と診断される前から認知症のことを学び、理解ある人とつながることで、診断されてからも、引き続きその場で理解者や社会資源とつながり続け、なじみの街で自然と老いていくシームレスな地域社会をつくるための場所なのです。

第1章
認知症カフェの基本

1 認知症カフェとは

❹ なぜ、身近な場所で定期的に開催されるのか

　認知症カフェは、なぜ、定期的に開かれるのでしょうか。認知症には根強い偏見があることを述べてきましたが、その偏見は認知症の歴史の影響も受けています。精神医学の基礎を築いた医師の呉秀三（1865〜1932）は、認知症を含む精神疾患への処遇を嘆き、日本には、「この病を受けたるの不幸」と「この国に生まれたるの不幸」の2つの不幸があるという言葉を残しました。認知症の人は、「何をするかわからない人」「危険な人」として扱われ、病院のみが居場所となっていました。仮に自宅で暮らす場合には、家族が行政に届け出る必要があり、私宅監置といって座敷牢のようなところに隔離・監禁することが法律で認められていました。このように医学の遅れや見えない病に対する恐れから、認知症に対する偏見は長い時間をかけて深く浸透していきました。一方で、このような歴史を知らない若い世代の人たちからも「認知症にだけはなりたくない」という声が聞かれることからも、未だに根強い偏見があることがわかります。

　このような、長い歴史のなかで深く刻まれた偏見は、研修や講演会に1回参加しただけで、簡単に払しょくすることはできません。何度も繰り返し学ぶことが必要です。頭ごなしに教え込もうとするのではなく、ゆっくりとゆるやかに染み込むような学びの場、理解の場で学ぶことが大切です。このよう

な偏見をもつ人たちも取り込み、認知症に対する理解を変えていくために認知症カフェがあります。したがって、日常の延長線上にある身近で入りやすい場所で、毎月、定期的に、繰り返し開かれ、長く継続していくことに意味があるのです。

⑤ 共生社会をつくる認知症カフェ

2024年に、「共生社会の実現を推進するための認知症基本法」が施行されました。この法律は、認知症に関する施策の理念を示すもので、成立までの過程では、認知症の人へのていねいな聞き取りが行われました。また「共生社会の実現を推進する」という法の目的が法律名に掲げられていることからも、理念だけで終わらせず、実現するという意思表明であることが伝わります。法の第1条では、「共生社会」について、「認知症の人を含めた国民一人一人がその個性と能力を十分に発揮し、相互に人格と個性を尊重しつつ支え合いながら共生する活力ある社会」と明記されています。

ただこれだけでは、共生社会の実現に向けた取り組みの具体性がなく、何をすればよいのかよくわかりません。具体的な考え方や行動のヒントとして、たとえば、共生概念研究の第一人者である三重野は、共生社会実現のための戦略をいくつか挙げ、重要な視点として「対話」と「コミュニケーション」「対等な関係の視点」が不可欠であると述べています[1]。また、法哲学者の井上は、「共生」と「会話」の重要性について「話せばわかる」という楽観主義や「わかるものとだけ話そう」という排除の論理や「話し合ったのだから文句を言うな」という効率主義でもなく、「話し続けよう」という会話の姿勢と継続こそ人間的共生であると説明しています[2]。

このように、「会話」や「対話」は、共生を阻害する「葛藤」や「対立」を乗り越えるうえで不可欠なものであるといえます。認知症カフェは、異なる属性の人たちが対等な関係で互いに尊重され、対話を主たるプログラムとして取り入れることを大切にします。まさに、認知症カフェは共生社会の縮図のような場所です。共生社会の実現のためにも、まずは認知症カフェのなかで、対話と対等な人間関係をつくっていくことから始めてみてはどうでしょうか。

6 地域を変える認知症カフェ

　認知症カフェは、認知症の人と社会との間に生じる摩擦（偏見や混乱を招く環境など）を解消することをめざしています（図1-1）。認知症カフェは、認知症の人をいまの社会や周囲の流れに適応させるための場所ではなく、周囲が変わっていくための場所です。したがって、認知症カフェには、新たな摩擦が生じる可能性のある、認知症の人への配慮のないレクリエーションや運動、認知症予防のための脳トレなどは必要ありません。

　認知症は、いまのところ根本的な治療や予防ができる病気ではありません。そのため個人の変化をうながす「医学モデル」だけで認知症とともに生きることを実現するには限界があります。認知症は、その人のなかで生じた変化であることは確かですが、その結果として生じる問題の原因は社会の側にあるという「社会モデル」に基づく考え方が重要です。社会が変わっていくための1つの方法が「認知症カフェ」であるように思うのです。

　認知症カフェですべてが解決するわけではありませんが、認知症カフェで、身近な地域のさまざまな人や社会資源とつながることができます。認知症カフェに集うことで、ありのままの認知症の人、家族、地域の人、専門職と出会い、対話を通してわかり合い、なじみの関係がつくられます。その結果、地域全体の認知症に対する偏見が少しずつ低減していくはずです。

図1-1 ● 医学モデルと社会モデル

医学モデル （個人モデル）	社会モデル
認知症はその人のなかで宿り、それを取り除くことで解決される。	認知症はその人のなかで宿るが、それを受け入れない社会との間に生じる摩擦により問題が生じる。
密室の中で苦労する本人の変化	社会環境の変化 （公開性）

出典　矢吹知之ほか編『認知症とともにあたりまえに生きていく―支援する、されるという立場を超えた9人の実践』p297、中央法規出版、2021年を一部改変

2 認知症カフェの役割

1 空白の期間の解消につながる

正しい情報を知ることができる

　自分自身で認知症を疑いはじめてから、受診するまでに平均で1年3か月かかっているという研究結果[3]があります。また、仮に診断されたとしても、その人にとって有益な情報やサポートにたどり着くまでに、さらに時間を要している実態もあります（図1-2）。

　「仕事をしているときにお客さんの顔がわからない、名前がどうしても出てこないということが続き、ミスを指摘されれば嘘をつくこともあった…」。そんな違和感から病院を受診し、認知症と診断された丹野智文さんは、当時39歳。「何か支援がないか」と思い、役所の窓口に相談に行きました。最初は、親の介護と間違われ、自分のことだと伝えると「いま使えるサービスはありません」という返答だったそうです。

図1-2 ● 診断前後の空白の期間

出典　認知症介護研究・研修仙台センター「認知症の家族等介護者支援に関する調査研究事業報告書」2018年を元に作成

若年性認知症の人や認知症の初期もしくは早期診断を受けた人の多くが、同じような体験をしているそうです。かつては、認知症の人は、いわゆる「病識」がなく「何もわからなくなる」と思われていました。しかし、いまでは、周囲の人が気づくよりも前から違和感を覚えていることがわかってきました。認知症と診断された多くの人が、もの忘れが多いことを指摘されないように、以前よりメモを多くとるようになったり、時にはわかったふりをしたりしながら、何とか社会生活を維持しようとします。

　メモをとったり、わかったふりをしたりするのは認知症であってもなくても同じですが、認知症の人は自覚があるがゆえに忘れたことを指摘されたり、責められたりすると怒り出したり、人によってはふさぎ込んで何もしなくなったりすることがあります。この時期に、仕事のミスやトラブル、地域でのトラブルなどが起きてきます。本人は当然、不安に思っていますが、周囲にはできるだけ言いたくないと思うのがふつうでしょう。診断前の適切な情報やサポートに出会えない期間を最初の「空白の期間」といってもよいかもしれません。

　診断前の時期に周囲ができることは限られますが、本人にとってもっとも大切なのは、何が原因でそのような状態になっているかを知ることです。つまり正確な情報です。現代は、インターネットや新聞、雑誌などでも認知症についての情報があふれています。手軽に見られるのですが、同時に不正確な情報、ネガティブな情報をたくさん目にすることになります。一方で、役所に相談に行ってもこの時期に利用できる公的なサービスはないので、有力な情報はあまり得られません。認知症カフェが普及する前は、地域包括支援センターで紹介できるのは、家族会くらいしかありませんでした。認知症カフェは、こうした時期に身近な場所で専門職との出会いの場となり、本人にとって有益な情報に出会うことができる場でもあるのです。

　不確かな情報により、本人はもちろん家族も絶望に陥ります。また、「原因のわからない不可解な出来事」は家族間の衝突を生み、その後も関係性を修復できないこともあります。この「空白の期間」に、正確で役立つ情報を手に入れることがとても大切なのです。

恐怖や不安を減らすことができる

　地域の人に対しても同じことがいえます。認知症の代表的な症状である記憶障害による「もの忘れ」は、他人事ではないとはわかっていても、なかなか自分事として考えたくはないものです。気になる症状があっても「ストレスのためで、一時的なもののはず」と考えたくなる気持ちもわかります。したがって表向きは「認知症予防」に関する情報を望むのかもしれませんが、実はとても「怖い」のだと思います。「認知症になったら終わり」という恐怖は不安を生み、不安はまた恐怖の感情を引き起こして「認知症にだけはなりたくない」という偏見につながるのではないでしょうか。だからこそ、認知症カフェでは、認知症についての情報提供を行います。「認知症＝絶望」ではないこと、周囲の協力により、穏やかな生活を続けられることを伝えることで、認知症に向き合わないことで生じる、最初の「空白の期間」は薄らぎ、早期診断につながります。そこに、本人を絶望に陥れるのではなく、希望に導くためのゆるやかで正しい情報提供の場としての「認知症カフェ」の存在意義があります。

② 認知症とともに生きる準備ができる

認知症を受け入れることを助ける場

　「これからどうなっていくんだろう。そう考えると恐ろしいほどの恐怖が押し寄せてきます」「一人になると不安で不安で涙が止まりませんでした。（中略）絶望と不安で目の前が真っ暗でした」[4]。これは、丹野智文さんが認知症の診断直後に抱いた思いです。現在では、前向きに生活をする丹野さんですが、やはり初期にはこのように、崩れ落ちそうな時間を過ごしています。受け入れようと思っていても、受け入れられないという心理状態ではないでしょうか。

　長谷川式簡易知能評価スケール（HDS-R）を開発し、「認知症ケア」という言葉を根付かせた医師の長谷川和夫先生も、「どうして私が、どうして認知症に…」と言う患者さんの手を握り、目を見つめ「そうだよね」としか言えなかったそうです。長谷川先生は、後に自らが認知症であることを公表し、「あ

りのままを受け止める」と語っています。その言葉には、半世紀にわたり認知症の人とともに歩み、寄り添い続けた医師としての覚悟を感じました。「運命として引き受ける」ためには、その準備と覚悟が必要です。そのためには、一人ではあまりにも心細いものです。認知症カフェで交わされる言葉や情報は、認知症を受け入れるために必要な緩衝材であり、毎月、認知症カフェに行くことは、認知症とともに生きることを徐々に受け入れていくための儀式のようなものかもしれません。

理解者との出会いの場

　早期に認知症の診断を受けても、その後の支援がなければ不安な期間を長引かせるだけといえます。もしも、診断直後の支援がなければ、その間にできることは、通院し、薬の処方を受けることしかありません。その間に地域の集まりや友人とのつき合いから遠ざかっていく人もいます。つまり社会的に孤立していくのです。家族は、おかしな人と思われやしないか、事故にあうのではないか、迷子になるのではないかという心配から目が離せなくなり、一緒にいる時間が増え、「私が看なくてはならない」という責任感にとらわれてしまいます。こうしたことが、認知症の人と家族の社会的孤立を加速させていきます。

　認知症は目に見えない病気なので、地域の人の理解を得ることはなかなかむずかしいものです。周囲の悪気のない、何気ない言葉が本人や家族を傷つけ、本人はますます自分が認知症であることを周囲に伝えにくくなります。

　59歳で認知症と診断された中村成信さんの妻敏子さんは、「お元気そうでとても病気には見えませんね」と言われることについて、「この病気は人に理解されにくいのだと思いますが、だれにもわかってもらえないのかな、というさみしい気持ちになりました」[5]と複雑な感情を抱いています。また、樋口直美さんは、「認知症の人に見えない」と言われることについて、「その人の期待していたとおりの外見になる日が、私にも来るのか」[6]と、周囲の人が抱く認知症のネガティブなイメージに対するとまどいを表しています。

　認知症カフェは、地域のさまざまな人に改めて出会い、専門職と情報交換をする場です。認知症について理解してもらえないことから生じる「社会的孤

立」を防ぎ、認知症とともに歩み出すための仲間と出会う「きっかけの場所」になるのではないでしょうか。

③ 絶望を希望に変える「声」を伝える

「ネットで調べると、"2年後には寝たきりになる"とか"10年後には亡くなる"などと書かれていました。悪い情報ばかり目につき、調べれば調べるほど"早期絶望"だと感じました」[7]。これは、丹野智文さんの言葉ですが、初期に認知症と診断された人の多くは、同じような絶望感を抱いていました。

中村成信さんは、診断後の絶望のなかで認知症である友人に会いに北海道に出かけた際に、大自然に包まれた環境のすばらしさを感じ、同時に自らのいまの生活を振り返り、家族や友人をはじめとした人とのつき合いやつながりに支えられていることに改めて気がつきます。この経験について、「理想の環境というのは、ある特定の場所のことをいうのではなく、人とのつながりのことをいうのではないかと思いました」[8]と語っています。周囲の人が変わり、理解されることは、生きづらさを解消してくれるきっかけになるのではないでしょうか。

51歳のときに認知症の診断を受けた佐藤正彦さんは、「ただ一緒にいてくれるだけでいいのです。私たちは何をするにも不安なので、それだけで安心感をもつことができます」[9]と、人とのつながりは心理的な安定にもつながっていることを示唆しています。認知症になっても自宅や施設に閉じこもるのではなく、地域や人とつながり続けることで豊かに暮らすことを望んでいます。

藤田和子さんは、認知症になっても希望をもち、前向きに生きるために必要なこととして、「だれもが（認知症に）なり得ると考えるなら、認知症になってもできるだけこれまでのように生活できる方法を考える、広めるほうがいいはず」[10]と、認知症は、ある特定の人のこと、特別なことではなく、すべての人の人生の延長線上にあることを示唆しています。

丹野智文さんは、「認知症になってもすぐに症状が進行するわけではない！何年たってもあまり変わらない人もいると知り、私は勇気づけられました」[11]と、同じ立場の人やいきいきと暮らす認知症の人との出会いは、絶望から一歩前

に踏み出す勇気を与え、希望につなげてくれると訴えます。そして丹野さんは、認知症の本人による本人のための相談窓口である「おれんじドア」を始めました。

　認知症の人の声には力があります。認知症カフェをこれらの想いや言葉を紡ぐ場として考えることで、その存在意義が見えてくるように思います。認知症になっても、何も変わらずに周囲が自分を認めてくれるという安心感は、心の安定と将来への希望につながります。認知症の人の声から、これまで築いてきた人間関係が続くことや、人が集まるところに自然にいることができるだけで安心感が生まれることが伝わります。

　認知症カフェは、単なる情報交換や交流の場、認知症予防や楽しみの場ではありません。認知症の人同士の経験の交換の場であり、地域の人が認知症の人と出会い、認知症の人から認知症について学ぶ場です。このような経験が地域を変えていくきっかけになります。認知症カフェは、お互いの「声」を聴くことで、認知症の人と家族、地域とのつながりを確認できる場所でもあるのです。

社会的な落差を小さくする

診断の先にある社会的な落差

　多くの人がいつまでも健康でいたいと考えるものです。健康でいるために病院があるのですが、認知症の場合はすぐに病院につながらないこともあります。

　認知症の初期に現れる代表的な症状に記憶障害がありますが、それが認知症によるものなのか加齢によるものなのかあいまいであるため、最初は「認知症の可能性を否定したい」「歳のせいだから」「ちょっと疲れているだけ」と考えたくなるのも当然です。さらにその背景には、認知症の診断前後で、周囲の見方や社会生活上に大きな落差が生じることがあると考えられます。

　この落差は「認知症になると迷子になる」「何もできなくなり、すべて忘れてしまう」など、これまでの認知症に対するネガティブな印象が影響しています。その結果、一人で外出しないように行動を制限されたり、診断結果を

会社に報告することで治療に専念するよう言われ退職を迫られたりすることなどがあります。これは認知症による生活上の困難を個人の責任に転嫁した考え方です。また、道路交通法によって認知症の人の免許証の返納が定められているため、移動手段を失うことで、外出の機会や人との出会いが限定されてしまうことがあります。認知症と診断されたことを理由に、町内会や地域の集まりなどの役割をあきらめる人もいます。家庭内での母親、父親の役割でも同じことがいえるかもしれません。

このように、失うこと、あきらめることばかりであれば、認知症と診断されることを躊躇したり、先延ばしにしたりするのは当然ではないでしょうか。

落差をつくらないための準備の場

認知症になっても希望をもって生きている人の言葉を聞くと、絶望感に苛まれても、地域とのつながりや友人がいたことで希望に変わっていったことがわかります。裏を返せば、地域とのつながりや友人との出会いがなければ「絶望」の状況が変わらない可能性もあるのです。

認知症カフェは、地域で暮らすすべての人を対象にしており、認知症になる前からだれもが参加することができます。診断前から認知症カフェという身近で敷居の低い場所で、認知症についてタブーなく語り合い、理解ある仲間と出会うことで、診断されてからもつながりを継続できる可能性が広がります。診断前後の急激な落差を軽減し、歳を重ねるようにゆるやかに診断後の生活を送るための準備の場ともいえます。絶望を希望に変える場としての可能性ももっています。認知症カフェは、家族や友人との絆や地域とのつながりの糸を紡ぐ場であり、見通すことがむずかしい将来の希望を見出す場所といえます（図1−3）。

図1-3 診断後の生活の落差をなくす

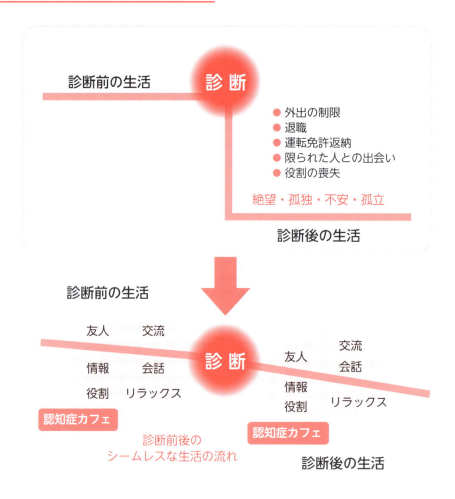

5 認知症に対する偏見を低減させる

　認知症について学べば偏見がなくなるのかというとそう簡単にはいきません。認知症に対する間違った認識や学び方によって、認知症に対する偏見を増幅させることがわかっています。また偏見は、さまざまな背景や経験、信念の影響を受けて形成されるものであり、実はだれにでも偏見が潜んでいることもわかっています。

理解不足による偏見

認知症は目に見えません。したがって周囲の人は、認知症の人に直接出会わなければ、あまり意識することはありません。認知症になっても重度化せず、最期まで自宅で生活できる人が、20年前に比べてはるかに多くなっていること、配慮や工夫によってこれまでのように在宅生活が継続できることなどの理解は、認知症への偏見を軽減することに大変役立ちますが、多くの人がそのことを知りません。小・中学生が「認知症サポーター養成講座」などを受講すると、たとえ短時間の学びであっても、認知症に対する認識が大きく変わります。認知症についての知識や認知症の人と接した経験がない人にとって、こうした学びの時間はとても効果的です。

一方、認知症について「すべて忘れてしまい何もわからなくなる」「何もできなくなる」「人に迷惑をかける」などのネガティブなイメージをもっている人にとっては、「認知症は何もわからなくなるわけではない」「それは古い認知症観です」と教わることで、かえって反発を生む可能性があります。これを「心理的リアクタンス」または「逆説的反応」といいますが、このような事態を避けるためには、自分で判断し納得することが大切です。ある程度知識がある人に対しては、無理に研修や講演会に連れ出したり、本を読ませたりするのではなく、自ら進んで学ぶ機会を得る場面をつくることが必要です。認知症カフェでの学びは、ある程度知識や経験のある大人にもっとも適しているように思います。楽しく、リラックスした環境で、上から目線の押しつけではない情報提供や、理解者との出会いがあるためです。

信念や経験による偏見

認知症の人による講演会が増えています。本人の想いに耳を傾けることは、認知症のイメージを大きく変え、私たち自身の心に潜む偏見に気づく機会にもなります。しかし、すべての人がそうであるとは限りません。心に描かれている「認知症像」は、それぞれの過去の経験やいまの状況によって異なるためです。

これまでに認知症の人の介護を経験し、自分の生き方を変えたり、夢をあきらめたりしなければならない程の苦しい思いをした人もいれば、高齢者施設や

第1章 認知症カフェの基本

2 認知症カフェの役割　17

病院で、認知症が進行し、激しい症状を呈する人の介護をしている人もいます。そのような人が「認知症」に対して抱くのは、ネガティブな感情であるかもしれません。したがって、その人にとって目の前で講演する認知症の人は「私の看てきた人、看ている人とは違う」「あの人は特別だ」と感じられ、「例外」とみなすことで、自分の経験を正当化しようとします。場合によっては、自分の生き方を否定されたと感じ、反感を覚える人もいるかもしれません。

こうした人にとっては、介護者としてのつらい経験こそが認知症に対する「明らかな事実」でもあります。したがって、1回限りの講演会や研修会に参加しただけでは、なかなか認知症に対する偏見は軽減しません。それでもその体験が繰り返されることで、少しずつ変わっていくはずです。だからこそ、認知症カフェのように身近な場所で毎月開催される、ゆるやかな学びと情報共有の場が有効なのです。認知症カフェに足を運ぶなかで、自然に、無意識のうちに、認知症に対するネガティブなイメージが変わっていく可能性があります。

善意による偏見

認知症の人の講演会に参加したり、書籍を読んだりした人から「認知症なのにすごい」「がんばっている」という感想を聞くことがあります。人には、ネガティブな情報に注目しやすい「ネガティビティ・バイアス」というものが潜在的に備わっていて、無意識に「できないこと」「困っていること」を探し、その人の「能力」の評価をしてしまうことがわかっています。「認知症なのにすごい」というのは、「できない」ことに注目し、それを克服してがんばっていてすごいという思いが潜在的にあるのかもしれません。果たして認知症の人はそのような思いで講演をしているのでしょうか。

パラリンピックの選手に対して「障害があるのにがんばっている」と評価することは、本人を傷つけてしまうことがあります。本人からすればスポーツが好きで取り組んでいるだけなのに、異なる見方をされてしまっているからです。「できない」という障害者のイメージが、長い時間をかけて形成されているため、そのイメージは簡単には変えることができません。「認知症なのにすごい」という思いも同様に、認知症の人は「困っている」「助けが必要」「支えられる存在」という固定化したイメージがあるからでしょう。しかし、「困っ

ている人」「助けが必要な人」というイメージは、何でも先回りしてやってしまうことにつながります。そして、それは、本人の自信や能力を奪ってしまうことにもなるのです。無意識であり善意で行っているからこそ、新たな経験と接触の機会を重ねることにより、その背景にある偏見を払しょくしていく必要があります。

認知症カフェがすべての人を対象にしているのは、ともにリラックスした時間を過ごすことで、このような善意や無意識の偏見を低減していくことにつながるからです。認知症カフェは、こうした機会を身近な地域にある、生活の延長線上で経験する場面をつくっているのです。

認知症について周囲に正しく理解され、偏見がなくなることは、本人が前を向くきっかけになります。そして、もう終わりだという絶望は、実際に経験した人から「そうではない」と否定されることで、リアルな希望に変わります。同時に、本人が変わる、症状が緩和するということを懐疑的にみていた家族を希望へと導き、可能性を拡げます。

> **コラム１● 高校生が参加する認知症カフェ**
>
> 高校生は「認知症」という言葉を聞いたことがあるものの「認知症カフェ」と言われても何のことかわからないようです。認知症カフェに来た理由は、「認知症カフェと聞いて何だろうと興味をもったから」「高校に入って何かボランティア活動をしてみたかったから」という回答が多く、実際に参加してみると「楽しかった」と口をそろえて言ってくれます。いろいろなことに挑戦したい高校生はたくさんいます。まずは認知症サポーター養成講座などを受講して認知症について理解してもらうなど、きっかけづくりが大切です。その後は、認知症カフェの企画や運営を任せることで能動的な活動になり、自己有用感が芽生えます。認知症の人や家族、専門職と出会い、いろいろな話を聞くことは、ふだんの高校生活では得られない非常に有意義なものになることも、ぜひ、伝えていきたいです。
>
> 原川均（ふる〜るカフェ／静岡県田方郡函南町）

3

アルツハイマーカフェの哲学

1 アルツハイマーカフェの始まり

　日本には古来より武道や華道、舞踊で使われる「守・破・離」という言葉があります。基本を身につけ、それをアレンジし、そしてオリジナルを創り自在になるというものです。日本の認知症カフェの状況をみると、基本を学ばずにアレンジに入ってしまったのではないかと思います。その結果、「日本の認知症カフェは、オランダのアルツハイマーカフェとは異なるもの」という見解を示す人がいるのかもしれません。また、概念の整理やマニュアルの整備などがなされていないため、企画・運営者の不安感を高めてしまっています。

　本節では、「守・破・離」の「守」にあたる部分、つまりアルツハイマーカフェの起源や哲学、思想を、アルツハイマーカフェの創始者であるベレ・ミーセン氏から学び、日本の認知症カフェのこれから先の20年を考えるきっかけにしていきたいと思います。

アルツハイマーカフェの背景

　オランダのアルツハイマーカフェ（アルツハイマーカフェ、ミーティングポイント、アルツハイマーティーハウスを含む）は、平均して3市町村に2つの割合で存在します。また、アルツハイマーカフェの総数をオランダの陸面積で割ると、住まいから半径7キロ以内に、必ずアルツハイマーカフェがあるという計算になります。そして、1997年9月以降、ほぼ毎月アルツハイマーカフェが開催されていて、毎月2500人以上のボランティアが参加しています。

　1969年、私（ベレ・ミーセン）はオランダのアーネムという町の老人ホーム「レジーナ・パシス」で7か月のインターンをしていました。そこでは医師であるレーリング博士が医療ディレクターを務めていました。博士は老人ホーム

における心理学者の有用性を確信していただけでなく、当時まだ老年医学が「老人ホーム医学」と呼ばれていた時代の医療の草分け的存在でもありました。ここでのインターンシップは、レーリング博士の友人であるオランダ老年心理学の創始者であるムニックス氏の勧めで実現したものです。

レーリング博士の1968年の論文は「人の不安行動」というものでした。ムニックス氏はレーリング博士に4年先行して「老年と人生の終末」という論文を発表しています。これらの論文は、私自身の仕事にインスピレーションを与えてくれたものであり、とても幸運だったと思っています。

1970年の春、私は当時のカトリック・ナイメーヘン大学を卒業し、夏にはホーイという町にある当時「ホーフ・ラーレン認知症老人ホーム」という施設に、オランダではじめての心理学者として働き始めました。

それから約25年後にアルツハイマーカフェをつくることになるのですが、その概念形成に至るうえで、先の二人の先生の影響を大きく受けています。二人の先生の論文にインスピレーションを受け、認知症の人とその家族の心理的治療やカウンセリングおよびケアを行いました。

1970年代のオランダの老人ホームは、多くの場合、定年後にまだ仕事をしたい医師が医療ディレクターを務め、献身的に熱意をもって運営していました。しかし、医療カルテの冒頭に記された病名は、往々にして「脳疾患」という診断の域を出ませんでした。そして「認知症」という用語は主に精神医学のマニュアルに登場し、「知性および人格の衰え」という簡単な説明で済まされていました。当時の不十分な診断方法は時に三人に一人の高齢者が認知症と誤診され老人ホームに送られるといった事態を引き起こしていました。

私が勤務していた老人ホームや他の多くの施設においても、主に心理学者が神経心理学的調査や観察を通して、認知症の人の残された認知能力について言及していました。認知症の人にどのような能力が残っているか、または失われているか（認知症の程度またはステージ）を正確に知っておく必要があります。家族から得た情報をもとにその人の人生や人格を推し量ることを通じて、その人の苦痛や対応方法の分析にも焦点を当てました。

第1章
認知症カフェの基本

3　アルツハイマーカフェの哲学　　21

認知症の人の愛着行動とトラウマへの対応

　この過程で出会った多くの認知症の人とのかかわりのなかで、特に次の2つの気づきを得ました。1つは認知症の人の愛着行動について、もう1つは認知症の人のトラウマについてです。

> **1 ● 認知症の人の愛着行動**
> 認知症の人は、両親へ意識が向かい、そして執着する。両親に会いたがる、家に帰りたがる、またはすでに亡くなった両親（母親が多い）がまだ生きていると思い込む。
>
> **2 ● 認知症の人のトラウマ**
> 認知症の人の能力を知ることは必要であるが、検査は、できないことを自覚させられる行為でもあり、それを自覚させられることで苦しみとストレスが生まれ、トラウマのようにその人の心にいつまでも残る。

　この2つの気づきから、写真1のような心理検査用の部屋を設けることにしました。そこは何か失敗しても、少なくともあまりつらい思いをしなくてすむ安全な場所です。心理検査は、無機質な環境やパソコンを前に行われるのではなく、このような認知症の人がくつろぐことのできる、居心地のよい居間のような部屋で行われるべきだと考えたのです。そこで昔の懐かしい雰囲気をつくりました。ただしそれは、その世代にとっての「昔」風でなければなりません。振り返ってみると、この居間はミニ・アルツハイマーカフェ、またはアルツハイマーカフェの前身ともいえるものだったのです。

写真1
アルツハイマーカフェの発案のもととなった「昔」風にしつらえられた心理検査用の部屋

当時、「両親への執着」は記憶障害のみで説明できるものではなく、ここが安全でないという感覚、不安感への反応や結果である可能性があると考えていました。したがってジョン・ボウルビィの愛着理論が問題をひも解く鍵になるのではないかと考えたのです。

　1990年5月に「愛着と認知症、認知症の人が認識する両親」という博士論文を執筆しました。結論を要約すると、認知症の人は、自らに引き起こされた「認知症」という出来事に対して長い間かかわっています。認知症はコントロールの喪失と同時に、本人に安全でないという感覚をもたらし、それが認知症の発症から現在までの間、私たちが思うよりはるかに長期に渡って続きます。この感覚は概して愛着行動、つまり両親を探す行動を引き起こします。その表現方法は、当然、認知症の程度やステージによって異なります。たとえば、はじめの頃はすでに亡くなった両親を懐かしんで会いたがり、次に介護者や家族の後を常に追う、名前を呼ぶ、手を握って離さない、しがみつく、泣き叫ぶ、最後には両親または母親がまだ生きていると思い込むというものです。

　その愛着行動の表現は人によっても異なります。それぞれの人生と性格の影響を考える必要があります。その「安全でない」という感覚は、ある人には無気力や引きこもり、悲嘆を引き起こし、またある人には不安や強迫観念、怒りを引き起こします。いずれにしても、だれもが絶えず何かしらの手引きと安全を求めているのです。このような状況に対処する正しい方法こそが「よいケア」の本質といえるのかもしれません。いずれにしても認知症の人を「あなたは一人ではない」というメッセージによっていったん「いま、ここ」に導き、場合によっては悲しみや怒りを表現してもらうことが必要なのです。

ライデン大学での授業

　1990年代半ばに、ライデン大学の臨床・健康心理学科から、1学期の心理トラウマの授業を依頼されました。それは講義と演習から成り、学期の終わりには、学生に身内や自分自身の人生におけるトラウマについてのレポートを提出させるというものでした。トラウマは範囲が広いので、講義で取り扱うテーマを「死」「行方不明」そして「認知症」の心理に絞りました。

　講義は満員の大盛況で、特に学生に大きなインパクトを残したという意味で

3　アルツハイマーカフェの哲学

成功だったといえます。理論を取り扱ったほか、その3種類のトラウマの経験者と話をする場を設け、私だけでなく、学生にも講義室でその人たちと話をするよううながしました。学生は、なかでも認知症の人との会話が印象深かったと言いました。その経験は学生の視野を広げてくれました。彼らのイメージでは、認知症は病気の最終段階と同義であり、当事者と意見を交わすなどということは到底不可能であると考えていたようです。彼らはまた、認知症が家族に与えるインパクトはもちろん、認知症の本人に与えるインパクトについても考えたこともありませんでした。

　私は翌年もこの授業を継続するよう大学側に提案しましたが、大学は認知症に焦点を当てた新しい心理トラウマの授業プログラムを却下しました。大学側は、認知症の心理学的および心理社会学的な授業ではなく、認知症の神経心理学の講義を要望したのです。私は深く落胆し、怒りに満ちていましたが、その感情が、最初のアルツハイマーカフェを開始するきっかけとなりました。認知症の関係者の孤立と孤独に終止符を打つため、違う方法で認知症のフォーラムをつくろうと決心したのです。認知症の人と家族を招き、月に1回、夜に講義室で、申し込み手続きなしで、だれでも参加できる認知症に関するオープンな集まりを開催しました。

　これがアルツハイマーカフェを始める1つのきっかけとなりました。

国際会議での出会い

　アルツハイマーカフェを始めることになったもう1つのきっかけは、スコットランドとスウェーデンにあります。1995年にスコットランドのスターリングで開催された高齢者のケアに関する国際会議で認知症について講演をするよう依頼されました。そこで同じ心理学者の仲間であり、約四半世紀年上のヘディ・フリード氏と出会ったのです。彼女は第二次世界大戦の際、ナチス・ドイツの強制収容所アウシュビッツ、ノイエンガンメ、ベルゲン・ベルゼンを生き延び、1945年4月15日に解放された後、赤十字を通して7月にスウェーデンにやって来ました。

　彼女の講演のテーマは「カフェ'84：生還者とその子どもたちのデイケア社会センター」というものでした。彼女が「カフェ'84」を始めたときのアイデ

アは、生還者の出会いの場、温かく自然な雰囲気、そして対話を可能にするプラットフォームをつくるというものであり、そのような場所が心理的苦痛（トラウマ）に対処するために非常に有益であるということでした。この「カフェ'84」は、アルツハイマーカフェのアイデアが確信に変わるきっかけになりました。

アルツハイマーカフェのはじまり

　1997年9月15日月曜日の夜7時、ライデン大学。それが最初のアルツハイマーカフェでした。私たちがカフェと呼び名を変えた冷たい雰囲気の講義室1A20のいすに、アルツハイマー協会ザウド・ホーランド・ノード（オランダの地名）から来た女性二人を含む19人の来場者が座っていました。

　私の秘書のカリンは前の週に緑色のA4用紙を大量にコピーしていました。そこには大きな文字で「アルツハイマーカフェ」と印刷されていて、私はそれを粘着テープでドア、壁、エレベーターの中から入口まで建物の至る所に貼りました。どこに行ってもそれが目に入りました。人々がこれを見て、自然と講義室に現れることを願っていました。

　私は老人ホーム「マリエンハーフェン」からコーヒーを入れたポットをいくつかとお茶のためのお湯を持って来て、砂糖やプラスチックカップ、ティーバッグやマドラーと一緒に黒い箱に入れていました。アルツハイマー協会ザウド・ホーランド・ノードの会長コリー・リースは、同じようにソフトドリンク、ワインやビールを持って来ました。大騒ぎをしましたが、それもなかなか楽しいものでした。

　私が建物の至る所にA4用紙を貼って回っていたのを見て、大学の職員が肩をすくめてくすくす笑っていましたが、これがアルツハイマーカフェの始まりでした。

当時のチラシに印刷されたロゴマーク

3　アルツハイマーカフェの哲学

② アルツハイマーカフェの広がり

　テレビでの放映は、アルツハイマーカフェの普及のきっかけとなりました。KRO（カトリック系の放送団体）がアルツハイマーカフェの様子を朝のテレビ番組で放送することになったのです。彼らは1998年2月16日にやって来て撮影し、それが18日の早朝に放送されました。その間も毎回、超満員でしたが、テレビ放映は思いがけずよい宣伝になりました。

　Teleac/NOT（オランダの教育放送局：現在は合併し、NTR）もまた興味をもち、「認知症と生きる」というシリーズのプランを温めていました。編集者と監督は一緒に見学に来て、すぐにアルツハイマーカフェの概念に魅了されました。数回、話し合いをした後、彼らは実際のカフェで認知症についての教育プログラムをつくる計画に合意しました。彼らはちょうどよいタイミングで来たのです。

　7回のシリーズを製作することが決まり、2年目（1998／1999年）は、カフェの雰囲気に改装されたホテルの部屋で撮影されることになりました。1999年秋には、この番組のシリーズは毎週放送され、その後、4回も再放送されました。最後の放送は2005年の秋でした。このシリーズは例外的に再放送の多い番組となりました。オランダでは、認知症は以前のように老人ホーム内だけで起こることではなくなり、認知症の人の約70％がふつうに自宅で暮らす時代になっていたので国民的な関心の高さもあったのです。

　さらに、雑誌でも多く取り上げられ、1998年2月14日の『介護者ジャーナル』には、有名な漫画家ヤープ・フェフター氏による、ユニークな発想力に富むマンガが掲載されました（店の入口にいる黒い服のタクシードライバーが「だれか、タクシーを呼んだか？」と呼びかけ、ウェイターや客が「知らない」「どこに行くんだ？」「一緒に飲もう」と答えたり、「頼んだ料理がこない」「今日は何を食べる？」などとお構いなしにふるまったりしている様子。アルツハイマーカフェは、みなが思い思いの時間を過ごす空間を意図的につくっていることを表現しています）。

ヤープ・フェスター氏が『介護者ジャーナル』に掲載した風刺漫画

3 アルツハイマーカフェのコンセプト

アルツハイマーカフェの基本理念

　人は認知症に伴う経験や問題点を話すことによって、自分の状況に対処しやすくなります。話をすることで病気への理解を深め、いまの自分の置かれた状況によい影響を与えます。これは認知症の人だけでなく、家族にも当てはまります。人は支えられていると感じ、お互いに同じ立場で話をすることにより活力を取り戻していくのです。

　また、アルツハイマーカフェでは、来場者が気兼ねなく、お互いに打ち解けて話ができることも重要です。来場者はお互いの経験について語り合ったり、介護専門職に質問をしたりすることができます。専門職もまた会話のなかで、来場者から学ぶことができるのです。相互に情報を提供することと経験を語り

合うことが、まさしくアルツハイマーカフェが存在する意義です。アルツハイマーカフェのリラックスした雰囲気は偏見をなくす効果があり、来場者が「自分一人ではないんだ」と感じることができるのです。これは、非常に重要なことです。

　アルツハイマーカフェは、情報提供が中心のイベントにはない、いくつかの側面を備えています。それは認知症がもたらすさまざまな困難の解決に役立つ「人や社会とのつながりの回復的な支援の側面」と「病気やサービスに関する情報提供の側面」です。さらにアルツハイマーカフェは行きやすさという点でも独特であるといえるでしょう。だれにでもオープンです。

　アルツハイマーカフェは、認知症の人とその家族、介護専門職が毎月集まる場所です。毎回、同じ時間に、同じ形式で行われます。プログラムはその大部分が毎年繰り返されます。来場者はどの回から来てもよいようになっているのです。通常、認知症の人や他の専門家へのインタビューの形式で、あらゆる種類のテーマが専門的に扱われます。情報収集のほかに、質問やディスカッション、ふれ合いや楽しみのための時間もあります。

アルツハイマーカフェの目標

　アルツハイマーカフェには主に次の3つの目標があります。

> ❶ 認知症の人とその家族が必要とする医療、心理社会的およびその他の側面について情報とアドバイスを提供すること。
> ❷ 認知症の影響についてオープンに話をすること。認識と（社会的な）承認が、その骨幹であること。
> ❸ 認知症の人の解放を促進し、認知症の人と家族が孤立しないように手助けをすること。

アルツハイマーカフェのテーマと構造

　先述のとおり、アルツハイマーカフェは、月に1回、常に同じ日（毎月第2土曜日など）に開催され、認知症の人とその家族や友人、介護専門職が集まる場所です。毎回、同じ時間に、同じ形式で行われます。また、始まる時間や長

さも決められています。一般的には、年に10回開催されています。アルツハイマーカフェは、毎回、違ったテーマで運営されますが、構造は決まっています。順番は定めていませんが、認知症の経過の時間軸に沿って進めていくことを推奨しています。当然、ほかのテーマが加えられても構いません。表1-2はテーマの一覧です。

　これらのテーマは、すべて行わなければならないのではなく、このなかから企画・運営者が選び、年間のテーマを決めます。上位テーマから順に行われていくのが一般的です。

表1-2 ● アルツハイマーカフェで取り扱われるテーマの例

- もの忘れとは何か？　認知症とは何か？
- 認知症の原因
- 認知症の症状
- 認知症の意味：はじめに起こる疑問や不安
- 若年性認知症
- 認知症の人への対応法
- 認知症で起こる行動の変化
- 認知症とコミュニケーション
- 介護者の役割
- 認知症の人の想い
- 認知症にかかわる制度や法律
- 認知症の人とアドバンスケアプランニング
- 家族と認知症
- 認知症の人の性

プログラムの順序と構造

　アルツハイマーカフェのプログラムは、カフェタイム（入場）、ミニ講話、カフェタイム（休憩）、ディスカッション（Q＆A）、クロージング（自由解散）の5つの要素に分けられます（表1-3）。企画・運営者が時間を管理します。講話とディスカッション（Q＆A）は、もっとも重要な要素です。多少、時間配分を変えることはもちろん可能です。

3 アルツハイマーカフェの哲学　29

表1-3 ● プログラムの順序と構造

カフェタイム（入場）	30分	入場とともにコーヒーまたは紅茶のサービス、自由な会話
ミニ講話	30分	全体の簡単な説明、講話（インタビュー形式）
カフェタイム（休憩）	30分	音楽と飲み物の提供、自由な会話
ディスカッション（Q&A）	30分	講話についての質問や補足
クロージング（自由解散）	30分	自由な会話や個別の相談

4 アルツハイマーカフェのいまとこれから

アルツハイマーカフェの意義

　アルツハイマーカフェをひと言で表現すると、「認知症にかかわるすべての人への敷居の低い介入的支援」であると説明できるでしょう。それは教育、情報提供、心理療法、本人同士のピア・サポート、助言や指導といった幅広いものです。

　そしてアルツハイマーカフェは、認知症が病気として地域から認められ、認知症の人や家族が地域に存在を認めてもらえる場所であるといえます。アルツハイマーカフェに来る人は、「認知症に関心がある」と表明することにもなります。これはすべての人にとって大きな一歩です。この一歩は、認知症とともに生きるためにきわめて重要なのです。「私はアルツハイマー病である」または「私は認知症と闘っている」という告白は、日常生活のなかで安定感を取り戻し、もう一度、自らの手で人生の舵を取っていくための最初の一歩となります。認知症を告白することで、「被害者」というような感覚から抜け出すことができるのです。

　よいアルツハイマーカフェは、「安全地帯」であるべきで、認知症の課題にもっとも早く直面する認知症の人と家族の混乱を安定させ、迷いや悩みを受け

止め、道案内を行うことのできる場所となるはずです。

アルツハイマーカフェの国際的な広がり

　私（ベレ・ミーセン）は、オランダアルツハイマー協会とともに、常にオランダ内外にあるアルツハイマーカフェの概念の品質管理と開発に取り組んできました。2010年1月から、オランダアルツハイマー協会と共同で特許を所有しています。

　アルツハイマーカフェの概念の国際化は、2001年2月にタイム誌（アメリカのニュース雑誌）がアルツハイマーカフェについて全1ページの記事を掲載したことが大きな後押しとなりました。また、イギリスの大手新聞であるガーディアンでも、イギリスで第1号となるアルツハイマーカフェの開設について報じました。アルツハイマーカフェの概念は、時に異なる名称や意図、形式で、ベルギー、イギリス、デンマーク、ドイツ、フランス、フィンランド、イタリア、スペイン、ギリシャ、ルーマニア、アイルランド、マルタ、キプロス、日本、カナダ、オーストラリア、アルーバ、キュラソー、アメリカ、スウェーデン、チェコなどの国々で引き継がれています。

アルツハイマーカフェの人材育成

　アルツハイマーカフェの人材育成の体制は、十分に整えられています。近年、オランダアルツハイマー協会は、アルツハイマーカフェの専門的なレベルを維持すること、そして必要に応じてレベルを引き上げることに懸命に取り組んできました。

　たとえば『アルツハイマーカフェ・マニュアル』は改訂を重ねながら品質基準を示しています。企画・運営者は、このマニュアルによって必要なときにサポートとガイダンスを得ることができます。このマニュアルはアルツハイマーカフェが何を象徴するものなのかを明確にしているため、常に読み返し、根本に立ち返ることができます。矛盾しているようですが、マニュアルがあることによって基本理念に背いたり、外れたりせずに、各自に合うように変更を加えることができるのです。つまりマニュアルがバリエーションを生む余地を与え

3　アルツハイマーカフェの哲学　　31

てくれるのです。

　また、安定的かつ専門的に運営するための企画・運営者の養成研修もあります。もともとは2日間だったこの研修は、「理論の日」「実践の日」「マスタークラス」と内容を明確に分けて３日間の研修へと発展しました。その３日間は連続ではなく、かなりの間隔をあけて設けており、その間は実践現場のニーズに対応しています。アルツハイマーカフェで活動するボランティアに対する研修コースもできました。そして運営の安定と質の向上などの理由から、ほとんどのアルツハイマーカフェは現在、企画・運営者二人の体制で進行されています。

アルツハイマーカフェの課題

　一方で課題もあります。いまだに毎回、企画・運営者が認知症の人に連絡し、来てもらうのに苦労しているアルツハイマーカフェもあります。また、すべての企画・運営者が、カフェタイムに認知症の人とその家族との質問を交えた会話が自然にできているわけではありません。そのため、どうしてもビデオやパワーポイントを用いたプレゼンテーションや専門家の講話に頼ってしまうことがあります。それでは方向性を見失ってしまうのも不思議ではありません。

　認知症の人、家族、専門家というすべての「当事者」間のコミュニケーションをうまく誘導しながら、それぞれに十分なゆとりと安心感を与えるというのは簡単なことではありません。たとえば、認知症の人がその場にいることで、家族が話しにくくなったり、または恥じたりすることを簡単に防ぐことはできないのです。そこにはまだ課題がありますが、企画・運営者は、日常的に認知症の人とその家族を対象に仕事をしていて、彼らと話をすることにも慣れているため、それが強みになるでしょう。

アルツハイマーカフェのこれから

　アルツハイマーカフェは、今後もその理念と構造を損うことなく、さらに多くのバリエーションを生むことができると考えています。アルツハイマーカフェは、認知症について医療、心理社会的、そして経験の蓄積から得た正しい

情報を与えることを可能にしてきました。そして、特に認知症の人とその家族が「認知症とともに生きる」ことについて、地域でオープンに話すことを過去20有余年の蓄積のなかで可能にしてきました。アルツハイマーカフェは、毎月、各地で認知症の人と家族が、孤独感に襲われ、地域から孤立してしまう状況を減らしています。

　オランダでは、以前に比べて、確実に地域の中で認知症について語ることができるようになってきました。しかし、認知症の人とその家族がそれぞれ自分たちの生き方を模索しなければならない状況に変わりはありません。仮に話しやすく相談しやすくなっても、「認知症とともに生きる」ということは個々人の挑戦であり、避けられないことなのです。そのなかでアルツハイマーカフェへ来ることは非常に大きな手助けになり得ます。同時に私たちは、この活動がだれにでもうまくいくとは限らないことも受け入れなければなりません。

　そして何より、すべては「認知症になっても心は生きている」ということから始まっているということを忘れないようにしましょう。つまり、認知症の人が発言しないアルツハイマーカフェは、本物のアルツハイマーカフェではないのです。

コラム2 ● 運営スタッフの人材育成

開始当初は、地域の介護福祉士や社会福祉士、看護師や理学療法士、ケアマネジャーなどの専門職による実行委員会が主体で運営していました。しかし、「地域における疾病観を変える」ためには地域住民の担い手が必要であると考え、地域住民を対象に「オレンジカフェ上京スタッフ養成講座」を無料で開講しました。3日間の研修で、1日目は「オレンジカフェ上京のスタッフとは」について学び、2日目は、認知症の人へのかかわりについてロールプレイを通じて学び、3日目は、カフェの来場者の生の声を聴きます。認知症カフェの運営にかかわるうえで、この講座はとても重要だと考えています。

髙木はるみ（オレンジカフェ上京／京都府京都市）

第1章
認知症カフェの基本

3　アルツハイマーカフェの哲学

4
アルツハイマーカフェから認知症カフェへ

　2012年に認知症カフェが日本に紹介されてから、各地で多くの実践が蓄積されてきました。認知症カフェは「新オレンジプラン」（認知症施策推進総合戦略）で示されてから急速に増加したこともあり、政策主導であって自然発生的な集まりではないという意見があるのも事実です。

　しかし、実際に認知症カフェを企画・運営している人にとっては、政策はあくまで"きっかけ"でしかありませんでした。認知症の人の声に耳を傾け、友人として対話を重ねてきた人たちは、「認知症」をめぐっては、明らかに「新たな時代」になっていることに気づいていました。認知症カフェの活動は、時代の流れのなかの1つの動きであり、決してゴールではありません。この先を展望するためにも、改めて認知症カフェの成り立ちを世界と国内の歴史から振り返っていきます。

各国における多様な展開

オランダのアルツハイマーカフェの理念と運営体制

　1997年にオランダで始まったアルツハイマーカフェは、「認知症の人、家族や知人、地域住民、そして専門職が、同じ場で時間を共有する」という枠組みで行われます。オランダでは、アルツハイマー協会が運営にかかわる資金の一部を支援します。アルツハイマーカフェには運営基準があり、その基準に基づいて運営されること、来場者が一定数いることが認められると、6か月後に「アルツハイマーカフェ」として認定されます。正式に認定されると、共通の看板（ロールスクリーン）と、運営資金を受け取ることができます。運営資金の補助は、日本円で1回1万円程度であり、多くの場合は会場使用料、コーヒーなどの費用に充てられています。

　また、「アルツハイマーカフェ」という名称については、認知症のなかでも

もっとも多いアルツハイマー病の名を冠することで、わかりやすくする意図があるそうです。その名前はユーロ圏の商標として登録されていて、とても大切にされていることがわかります。認知症カフェが20年以上継続している歴史の背景には、このような理念に基づく運営基準が存在しています。詳細は、先のベレ・ミーセン氏の記述のとおりです（第1章3参照）。

イギリスでの多様な展開

オランダで生まれた認知症カフェは、老年心理学者ジェマ・ジョーンズ氏により、イギリスに伝わります。オランダで認知症カフェが誕生した3年後の2000年に、イギリスのニューハンプシャー州のファーンボローという町で、はじめて開催されました。

その後、ジェマ・ジョーンズ氏を中心に「アルツハイマーカフェUK」という組織がつくられ、ネットワークづくり、普及、人材育成が行われました。しかし、次第にオランダのスタイルとは異なる「ディメンシアカフェ」やさまざまな形式、さまざまな名称のカフェが普及し、広がっていくことになります。いまではイングランド、スコットランドともに、オランダとは異なる形式で行われており、認知症の人と家族の情報共有の場やアクティビティを行う集まりになっています。そのようになっていった理由について、イングランドのアルツハイマー協会が運営者に対する調査を取りまとめた「認知症カフェ評価報告書」（2014年）のなかに、興味深い記述があります。

> 始めた当初は、カフェの雰囲気を出すために、複数のテーブルを置いていました。けれども、利用者の評判はよくありませんでした。テーブルを1か所にまとめてほしいという要望が寄せられました。利用者が望む形式は、そういうものだったのです。当時、「その要望には応えられない」と回答しましたが、私たちは、利用者がカフェに何を期待しているのかを聞きました。その結果、彼らは「1つの大きなテーブルに一緒に座りたい」と答えてきたのです。(認知症カフェ評価報告書2014：アルツハイマーUK)

イギリスでは、こうした経緯でカフェスタイルではなく1つのテーブルを囲む方法に変わっていきます。地域の人は参加せず、家族と認知症の人の集まり

第1章
認知症カフェの基本

として、お茶を飲んだり、ゲームやスポーツをしたり、家族交流を行ったりするなど、デイサービス（デイケア）やサロンに近い形で広がりを見せています。

　イギリスでは、認知症の診断後の支援が進んでいます。特にスコットランドではリンクワーカーという制度があり、診断直後から一年間、無償で地域と認知症の人をつなぎ、在宅生活の将来設計を一緒に行う役割の人が配置されます。したがって、スコットランドにおけるアルツハイマーカフェは、つながりの場ではなくどちらかというとデイサービス（デイケア）のような位置づけになっていました。そして、比較的重度の人が来ているというのも特徴です。イギリスでは、介護サービスの1つとして考えられているようです。

　入りやすく、なじみやすい、地域の中の歩いて行くことのできる範囲で開催されるというスタイルは継承されてはいるものの、オランダがめざした「地域全体を変えていく」というものとは少し異なります。

世界への広がり

　認知症カフェは、イギリスに伝わった後、2002年頃にデンマーク、ドイツ、オーストラリアで始まったという記録があります。デンマークではオランダと同じように、初期の認知症の人、家族や友人、専門職が集う場所として展開されています。一方、ドイツとオーストラリアでは、民間の活動からスタートし、認知症の人と家族を対象にした集まりで、アクティビティを中心に行われています。さらに、イタリアでも、認知症の人と家族を対象にしたアクティビティが中心の活動として、ベルギー、フランスにおいては、認知症の人と家族、地域の人や友人、専門職が集い、話し合いや情報交換を行う場として展開しました。2008年にはアメリカでも始まり、世界的な広がりを見せます。アメリカでは認知症の人と家族の集まりとして地域の中でボランティア組織が運営しており、歌やレクリエーションなどを行う場所となっています。

　このように、各国の文化や背景、高齢者介護サービスの状況や財源によって、運営方法は異なりますが、大きく2つのタイプに分けることができます。1つは、オランダ形式で、初期の認知症の人、家族や友人、地域の人、そして専門職が同じ場を共有するタイプです。これには、わかっている範囲では、フランス、デンマーク、イギリスの一部が該当します。もう1つは、イギリスの

ような認知症の人と家族に限られた集いの場として、地域の人は入らないタイプで、家族交流会とデイサービス（デイケア）が融合したような形式です。類似する国としては、アメリカ、カナダ、ドイツ、イタリア、オーストラリアなどが挙げられます。ベルギーは両方の要素を含んでいます（図1-4）。

図1-4 ● 認知症カフェの広がり

表1-4 ● 各国の認知症カフェの展開

開始年	国	概要
1997年	オランダ	アルツハイマーカフェ。老年心理学者ベレ・ミーセンがライデン大学の教室で始めた学習会が起源。【約260か所】
2000年	イングランド	ディメンシアカフェ、ディメンシアサポートなど。【約430か所】※78か所という見解もある。
	スコットランド	メモリーカフェ、ケアリングカフェ、メモリーケイブカフェなど。
2002年	オーストラリア	アルツハイマーカフェ、コミュニティカフェ、メモリーカフェなど。
	ドイツ	カフェアルツハイマー、チャットカフェなど。
	デンマーク	ディメンシアカフェ
2004年	イタリア	アルツハイマーカフェ【約120か所】
2006年	ベルギー	アルツハイマーカフェ【46か所】
	フランス	カフェメモリーフランス【約90か所】
2008年	アメリカ	メモリーカフェ、アルツハイマーズカフェ、ディメンシアカフェなど。【300か所以上】
2012年	日本	「認知症施策推進5か年計画（オレンジプラン）」で、はじめて「認知症カフェ」という名称で紹介され、普及が始まる。
開始年不明	カナダ	アルツハイマーカフェ、メモリーカフェ（英語圏）カフェ ドゥ ラ メモリ、カフェアルツハイマー（フランス語圏）と異なる。

※各国のアルツハイマー協会から得た情報ならびに、アルツハイマー協会ヨーロッパのホームページの情報をもとに作成。

② 「認知症カフェ」登場前の集いの場

　日本では、2012年にはじめて認知症に関する国家戦略「認知症施策推進5か年計画（オレンジプラン）」で「認知症カフェ」が紹介されました。このときに紹介されたのはオランダ形式でしたが、詳細については解説されず自由度の高いものでした。それでも認知症ケアの関係者にとってその名称と方法は「これまでにないもの」であり、高い関心と注目を集めました。

　日本には、すでに認知症の人の家族の集まり、高齢者のサロン的な活動、認知症の人の集まりなど、属性に応じた集まりがありました。ここでは、それぞれの目的や方法の違いについて理解を深めていきます。

認知症の人の家族の集まり

　介護保険が始まる以前は、身内の介護についてオープンに相談するということはハードルが高く、一人で思い悩む介護者がほとんどでした。こうした問題に対して声をあげたのが、「呆け老人をかかえる家族の会（2006年に「認知症の人と家族の会」に名称変更）」（以下、「家族の会」）の初代代表であった高見国生氏でした。

　1980年に京都で始まった「家族の会」は全国に広がり、いまではすべての都道府県に支部が存在しています。その中心的な活動の1つに介護者同士の語り合いの会である「つどい」があり、家族介護者が自らの苦労を語り、時に専門職から介護サービスの情報や専門知識を得ることができる場にもなっています。家族の会の「つどい」は、認知症の人を介護する家族にとって大きな支えであり、安全地帯となっています。ただ、この活動は同じ経験を共有するピア・サポート活動であるため、認知症の人は参加しません。また、認知症の人がデイサービスに行っている間に参加するという人も多く、平日の昼間に開催されることが多いため、高齢の介護者が中心になる、参加者が固定化するなどの課題もありました。

　2004年に、「痴呆」から「認知症」へと名称が変わるとともに、原因疾患や年齢による社会的影響の問題が認識されるようになりました。家族や周囲が

その特徴を理解することで、結果的によいケアや治療、家族支援につながるということが認識され始めます。すると「レビー小体型認知症家族を支える会」（2008年発足、2014年から「レビー小体型認知症サポートネットワーク」）、「全国若年認知症家族会・支援者連絡協議会」（2010年発足）など、より細分化された活動が始まります。また、「男性介護者と支援者の全国ネットワーク」（2009年発足）や「ケアラー連盟」（2010年発足、2011年から「日本ケアラー連盟」）は、男性介護者や働きながら介護をする人、10代の若い介護者への支援や理解を広げる活動を展開するなど、家族の多様化に応じて家族支援のあり方も変化していきました。

地域住民の集まり

　地域の人の集いの場としては、古くから井戸端会議がありましたが、高度成長期になると形を変え、「コミュニティカフェ」が姿を現し始めます。コミュニティカフェは、地域のつながりを再生する場として、徐々に全国に広がり、1995年の阪神・淡路大震災を契機にさらなる広がりと変化を見せます。「サロン」「たまり場」などの名称で、全国に3万か所以上存在しているようです（公益社団法人長寿社会文化協会（ＷＡＣ））。コミュニティカフェは、だれでも開くことが可能ですが、認知症や介護に特化した話をする場所というわけではありません。

　同じ頃、全国社会福祉協議会が、高齢者の孤立やひきこもりへの対策として、単に話をする場ではなく、「サービスを受ける人」として参加する場でもない、身近なところで、活動を通した仲間づくりが可能な「ふれあい・いきいきサロン」の活動を始めました。この活動は全国で約5万か所にも広がっています。

　「家族の会」は介護者の集まり、「コミュニティカフェ」は地域の人の集まり、「ふれあい・いきいきサロン」は高齢者の集まりです。それぞれ目的は異なりますが、いずれも公的な場ではなく、地域や家族の「共有できなかった思い」がつながり、できあがってきたものです。定義や方法は後づけであり、まずは「集まりましょう」「そして名前をつけましょう」という自然発生的な流れがあります。ただし、裏を返せば、自然発生的に集う動きから取り残された

第1章　認知症カフェの基本

4　アルツハイマーカフェから認知症カフェへ

人は、この恩恵を受けることは叶わなかったといえます。認知症の人は、「取り残された人」に該当するかもしれません。

認知症の人への着目と本人の発信

2006年に、「認知症の人の本人会議」が京都ではじめて開催されました。9人の認知症の人の声をまとめた文章には、「本人同士で話し合う場をつくりたい」「認知症であることをわかってください」「私たちの心を聴いてください」など、認知症カフェの理念にも通じる17のメッセージが整理されていました。本人会議は、その翌年から「本人交流会」として全国各地で開催されています。これらがメディア等に取り上げられることで、認知症にあまり関心のなかった人たちへの周知・啓発が活発になっていきました。

しかし、認知症に関する情報が身近になる一方で、「脳トレブーム」なども巻き起こり、「認知症にはなりたくない」「認知症になったら終わり」という、認知症予防へ傾倒する風潮も広がっていきました。認知症予防が問題というわけではなく、介護者側の想いが中心であって、認知症の人の声が反映されていない活動やサービスが中心であったことが大きな問題でした。そして、科学的根拠の乏しい情報があふれていたことも事実です。

こうした背景もあり、改めて認知症の予防だけではなく、認知症とともに生きることの大切さが指摘され施策にも反映されていきます。そして、2014年10月、認知症の当事者団体である「日本認知症本人ワーキンググループ（2017年に法人化）」が発足し、「認知症になってからも尊厳をもって活動できる社会」をつくることを目的に活動が始まりました。当事者からの発信は、認知症施策にも反映されるようになり、2018年から「認知症本人ミーティング」（Q2参照）がモデル的に始まり、それが全国に広がっていきました。

表1−5 ● 日本の認知症ケアの展開

1980年	呆け老人をかかえる家族の会（現・認知症の人と家族の会）が全国７支部で発足。介護者同士の話し合いの場「つどい」が開催される。
1980年頃	コミュニティカフェが広がり始める。
1995年	全国社会福祉協議会が「ふれあい・いきいきサロン」の普及を始める。
2004年	「痴呆」から「認知症」へ名称変更 国際アルツハイマー病協会第20回国際会議（京都）にて、認知症であるクリスティーン・ブライデンさんが登壇し「本人の想い」を語る。
2006年	「認知症の人の本人会議」（京都）開催
2007年	認知症の本人交流会（京都、鹿児島）開催。以後、全国に広がる。 ※若年性認知症、男性介護者、レビー小体型認知症などさまざまな形でゆるやかな集まり、介護者や認知症の本人の会などが結成される。
2008年	レビー小体型認知症家族を支える会（現・レビー小体型認知症サポートネットワーク）発足
2009年	男性介護者と支援者の全国ネットワーク発足
2010年	ケアラー連盟（現・日本ケアラー連盟）発足 全国若年認知症家族会・支援者連絡協議会発足
2012年	オレンジプランにはじめて「認知症カフェ」が明記され公式に推進される。
2013年	「認知症の人と家族の会」が、認知症カフェの質的な調査を実施し、「10の特徴、7つの要素」を整理。調査対象は28か所
2014年	日本認知症ワーキンググループ設立 ※厚生労働省が把握する認知症カフェ数：660か所
2015年	新オレンジプランで2020年までに、全市町村で認知症カフェの設立をめざすことが明記される。 ※厚生労働省が把握する認知症カフェ数：2300か所
2016年	「認知症介護研究・研修仙台センター」が、認知症カフェの量的な全国調査を実施。認知症カフェの概念と3つのタイプを提示した。調査対象は1477か所 ※厚生労働省が把握する認知症カフェ数：4367か所
2017年	（社団）日本認知症本人ワーキンググループ設立
2018年	認知症施策推進関係閣僚会議設置
2019年	認知症施策推進大綱
2022年	「認知症介護研究・研修仙台センター」が、認知症カフェの量的な全国調査を実施（2016年に続き、2回目）。 ※厚生労働省が把握する認知症カフェ数：8000か所以上
2023年	共生社会の実現を推進するための認知症基本法成立。2024年施行
2024年	認知症施策推進基本計画発表（内閣官房）

4 アルツハイマーカフェから認知症カフェへ

認知症カフェの登場とこれまでの活動との違い

すべての人が対象となる

　繰り返しになりますが、日本では、家族介護者のピア・サポート、認知症の本人のピア・サポート、地域の高齢者の孤立防止のためのサロンなど、それぞれが抱える課題ごとに細分化された集まりが存在していました。そのような状況のなかで、2012年に認知症カフェが紹介されました。当初、認知症カフェについて、その背景や経緯が断片的にしか伝わっていなかったために、これまでの活動を参考に始めたところが多くありました。予約制で家族と本人だけの集まりのところ、レクリエーション活動やモノづくりを柱に展開するところ、なかには認知症の人は参加せずに、認知症予防の活動を中心に行うところもありました。

　認知症カフェが、これまでの集まりと大きく異なる点は、同じ属性や経験をした人に限定した集まりではないということです。子どもから高齢者まですべての人が対象であり、できるだけ身近で入りやすい環境で行われる、オープンで対等な関係に基づく集まりであることです。認知症カフェは、認知症の人や家族の孤独な戦いをサポートし、認知症について、だれでもタブーなく語り合える場所となることで、地域社会が変わっていくことをめざしています。

　アルツハイマーカフェを起点とした、世界での普及・発展の実態をふまえれば、数やバリエーションが増えている点はよいことといえるかもしれません。しかし、企画・運営者が本来の目的を明確に理解しないままに運営されているところがあるのは残念です。企画・運営者が行いたいことや、これまで行ってきたことの延長だけではなく、なぜ、すべての人を対象としているのか、なぜ、身近な場所で開かれるのかを運営メンバーで共有し、意識し続ける必要があります。そうしなければ、地域に根付く認知症のイメージも変わっていきません。それぞれの地域の特性をふまえて方法を工夫をすることはあると思いますが、認知症カフェが生まれた背景を常に意識し、認知症カフェのあり方とめざすべき方向を忘れないようにしてください。

対話がある

　認知症カフェにはさまざまな人が来場します。昔からの知り合いもいれば、はじめて会う人もいます。認知症の知識のある人もない人もいます。認知症カフェの趣旨を理解している人もしていない人もいます。お互いの体験や感情にギャップがあるときにこそ対話が必要です。劇作家の平田オリザは、対話は相互変容への意思をもちながら行われ、それは他者の声を聴くことを根底においた営みであり、それこそが共生社会である、といいます。対話はこちらから話しかけることだけではなく、耳を傾けることで成り立つものであって、声に出せないでいる人への配慮の大切さを説明しています。そのために専門職が入り、相手の「声」が聞こえてくるまで、静かに耳を傾ける役割を担うのです。

地域の共有財産である

　認知症カフェは個人や法人の所有物ではなく、地域の財産となるべきものです。「地域の財産」などというと、とても堅苦しく感じますが、継続をめざすうえで、その姿勢は大切です。一人の思いの強い人が、その人の思うように始めた場合、その人の事情によって認知症カフェが続けられなくなることもあるでしょう。また、1つの法人の所有物として位置づけた場合は、その組織の方針が変われば、やはり消滅してしまうでしょう。認知症カフェの継続的な運営には、地域の人や地域の既存の互助団体などと協力して運営することが大切です。地域の人を単なる「お客さん」にするのではなく、認知症カフェをともに育てる仲間になってもらうことをめざしましょう。

地域を変える

　いまだに「サロンと認知症カフェは同じではないか」と質問されることがあるでしょう。その際には、はっきりと「違います」と説明しましょう。違うことをはっきりと伝えなければ、認知症カフェの存在意義が薄れるばかりか、その地域の認知症に対する理解は何も変わらない可能性があります。ただし、サロンを否定するのではなく、認知症カフェには、サロンとは別の役割があるこ

第**1**章

認知症カフェの基本

4　アルツハイマーカフェから認知症カフェへ　　43

とを明確にすることが大切です。

　認知症カフェは、これまで十分ではなかった認知症の診断前後の支援とつながりの場であり、認知症のイメージを変えるための場です。サロンとは違い、アクティビティやレクリエーション活動ではなく、対話に重点が置かれます。ここでは認知症について信頼できる情報が得られ、リラックスした空間での専門職との出会いがあります。認知症カフェは、これまでにない新たな社会資源であり、同時に既存のさまざまな社会資源につながるハブ的機能を果たす広がりの場所なのです。

コラム3● 地域の人の理解を得るための工夫

地域の人の理解を得るために、なぜ認知症カフェが必要なのかをていねいに説明しています。開設時には地域住民等の協力を得て組織した実行委員会で定義や目的を説明し、話し合いを重ねました。また、認知症の本人、家族、地域住民が協働して研修会を行っています。カフェの理念や根拠について学びを深め、認知症の人がカフェに参画し、その活動について実践報告をしています。地域住民からは「認知症になってもあたりまえに地域で暮らしていけるのではないか」「認知症カフェが地域に根付いている」等の感想があり、ボランティア活動への意欲向上や地域の見守り支援への協力も得られています。さらに、拠点機能をもつカフェ1か所のほか、会館や図書館等で年に3回移動カフェを実施しています。回覧板等で開催を周知し、お互いに声をかけ合って参加するなど、地域住民がつながりをつくる機会が生まれ、認知症に理解のある人が増えていることを実感しています。

古東庸子（おれんじカフェぴぱ／北海道美唄市）

引用文献

1) 三重野卓 編『共生社会の理念と実際（シリーズ社会政策研究4）』p185-187、東信堂、2008年
2) 井上達夫『増補新装版 共生の作法―会話としての正義』p261、勁草書房、2021年
3) 認知症介護研究・研修仙台センター「平成29年度老人保健事業推進費等補助金　認知症の家族等介護者支援に関する調査研究事業報告書」2018年
4) 丹野智文・奥野修司『丹野智文　笑顔で生きる―認知症とともに』p43-50、文藝春秋、2017年
5) 中村成信『ぼくが前を向いて歩く理由―事件、ピック病を超えて、いまを生きる』p145、中央法規出版、2011年
6) 樋口直美『私の脳で起こったこと―レビー小体型認知症からの復活』p150、ブックマン社、2015年
7) 4) に同じ、p51
8) 5) に同じ、p200
9) 佐藤雅彦『認知症になった私が伝えたいこと』p157、大月書店、2014年
10) 藤田和子『認知症になってもだいじょうぶ！―そんな社会を創っていこうよ』p100、徳間書店、2017年
11) 4) に同じ、p202

第 2 章

認知症カフェ 企画・運営マニュアル

　認知症カフェは、診断前後の「空白の期間」を意識し、認知症への偏見を払しょくするためにあります。
　認知症カフェの企画・運営者（モデレーター）には、認知症カフェの理念を常に意識し、その実現に向けて、さりげなく認知症カフェを「演出」する役割があります。これを本書では「演出しない演出」と表現しています。その「演出」の基本となるのが、認知症カフェの理念に基づく原則です。認知症カフェの企画・運営者には、原則を運営スタッフに伝え、実現していく役割が求められます。

1 認知症カフェの理念

❶ すべての人が「当事者」である

　「認知症の当事者」という言葉を耳にする機会が増えました。これまで社会福祉や介護の領域では、当事者というと「認知症の人」のことだけを表現していたように思います。それが認知症の人へのまなざしを"他人事"にしてしまっていたのかもしれません。私は、認知症の人の前で「認知症の当事者の○○さん」という言葉を口にしたとき、違和感を覚えました。その理由を振り返ってみると「私は当事者ではなく、あなたが当事者である」という線引きをしているように感じたのだと思います。同時に「認知症を自分事として考えよう」というメッセージとは矛盾するのではないかと思いました。この視点は認知症の人を「支えられる側」、認知症ではない人を「支える側」に分け、暗に「あちら」と「こちら」という関係性を表明しているようにも感じました。

　この二元論的な視点は、「あちら側」にはなりたくない、「こちら側」にいたいというように、認知症に対する偏見を助長していた可能性もあります。いま一度、この関係性を見直すために、認知症カフェがあるように思えるのです。認知症カフェには、「あちら」と「こちら」をつなぐ役割があります。

　しかし、単に同じ場所で、一緒に活動をすればその垣根がなくなるというような単純なものではありません。この関係性の背景には、認知症が「痴呆」と呼ばれ、認知症の人は「何もわからなくなった人」として侮蔑的に扱われてきた歴史があり、認知症の人と家族が長く苦しんできた歴史があるからです。「何もわからなくなった人」「おかしくなった人」という烙印は、私たちの心に深く刻まれ、その人たちだけを「当事者」として扱い、「まともに会話ができない人」という認識が社会に浸透しました。だからこそ、まずは話すことが必要なのです。その調停役、仲介役である企画・運営者には、認知症に対する専門的な知識とその場を「演出」する技術が求められます。

認知症を深く理解するとはどのようなことなのでしょうか。自分事として考えるとはどのようなことなのでしょうか。「支援する、される」という傾斜のある関係ではなく、水平で対等な関係で考えることを認知症カフェはめざしています。認知症について、他人事ではなく自分自身のこととして考えていく場所が認知症カフェです。ここでは、認知症の人、家族、友人や地域の人、専門職など、来場者すべてが「立場」や「役割」を超えて、認知症のことを考えます。つまり、認知症カフェの来場者は全員「当事者」です。認知症のことを考え、自分の暮らす地域を変えていく主体として、新たな「当事者」性を生み出す場所が認知症カフェなのです。

2 認知症について語り合える

　自然に対話が育まれる環境が整うと、認知症の人が、認知症について理解し、自分自身の状況について包み隠さず話をする機会と可能性が広がります。家族や友人もまた、ここでの対話を通して、介護や家族の関係性の悩みを振り返り、共有することができます。地域の人は認知症のことを知り、自分や家族が認知症になったら地域でどのように生きるか、または生きられるかを考える機会となります。すなわち、認知症カフェの来場者全員が「認知症」について

語り、考えるのです。

　認知症カフェで営まれるこのプロセスは、専門職によるアセスメントのような積極的な介入ではなく、自然に語り始め、受け入れていく介入の手法をとっており、このような場をつくることこそが認知症カフェ特有の支援といえるのではないでしょうか。認知症カフェは、認知症をキーワードに地域全体が成長する機会をつくる場所という点で「これまでにない集まり」といえます。

　認知症カフェにおいて同じ立場での対話が育まれ、来場者すべてが「当事者」であり、同じ仲間として支え合う関係ができあがると、自然とピア・サポートの機能が発揮される場になっていきます。ピア・サポートとは、同じような悩みや苦しみをもった人同士が、相互に支え合う機能のことで、元々は、障害者福祉、慢性疾患やさまざまな依存症などの医療分野、教育分野で用いられている言葉です。根底にある考え方は、自らが抱えているさまざまな問題に対して主体的に向き合い、たとえ困難を抱えた状態であってもそのなかで自分の生き方を追求していくことをめざしています。支援者や専門職が本人に代わって問題解決をするのではなく、「だれもが成長する力をもっている」「だれもが自分で解決していく力をもっている」「人は実際に人を支援するなかで成長する」という考え方に基づいてかかわります（日本ピア・サポート学会ホームページ）。つまり、認知症の人を「何もわからなくなった人」として見るのではなく、「感情も意思もある人」「病気のために現在は不自由な部分もある人」という見方でかかわることでお互いに成長できると考えます。認知症カフェにおける、ピア・サポート機能への期待はここにあります。

　専門職は、認知症の人や家族の問題を解決する役割を担うのではありません。専門職もまた、この場で学び、自ら抱える問題や課題の解決を図ります。企画・運営者は、認知症カフェに来た人それぞれが、自然と語り出すような環境と雰囲気を「演出」することが大切です。

認知症に関する情報が得られる

　認知症カフェが、「これまでの集まり」と異なる点の1つに、必ず情報提供が行われることが挙げられます。テレビやインターネットで見聞きした情報ではなく、専門的な知識を相手に伝わる言葉に変換した「一口サイズの実用的な情報」です。日常生活を何とかやっていけることをめざした「よい加減の知識」が得られることが認知症カフェの特徴でもあります。

　家族は、認知症カフェでのひとときを過ごした後、家に帰ればまた介護を行います。したがって、介護に関する何らかの有用な情報を得られることは、認知症カフェのとても大切な要素といえるでしょう。情報提供の方法はさまざまに考えられますが、できれば「お土産」として持って帰ることができること、直接的な介護の助けになること、わかりやすく整理されていることが大切です。

　情報を「お土産」として持って帰ることができるように、冊子やリーフレットなどを準備しておくとよいでしょう。たとえば、認知症や介護のサービスなどの社会資源が一覧になっているリーフレットや冊子、認知症ケアパスなどは、どの地域にもあるはずです。「わかりやすい」という点では、認知症の人や家族の手記もあります。これは、家族が読んでも認知症の人が読んでもわかりやすいでしょうし、希望につながるものです。

　認知症や介護、地域生活に関するミニ講話は、情報を提供するだけでなく、対話を生むきっかけにもなります。認知症カフェで一緒に講話を聞くことは、同じ話を共有することであり、一体感につながります。認知症に対するイメージや認知症カフェの雰囲気をつくるうえでミニ講話は大きな影響力をもつことになります。したがって、認知症予防やネガティブな内容に偏らないようにしましょう。認知症の人を排除する結果になることもあります。

　情報提供は、各テーブルの対話のなかでも行われます。専門職が入ることで具体的な助言ができることもあるので、必要だと思われる人のテーブルには専門職を配置します。認知症とともに生きる暮らしは長期にわたります。したがって1回の情報提供で、すべて解決しようとせず、継続的に参加してもらい、その時々に応じた情報を提供し、適時・適切なサービスや専門職につながることをめざして準備することが大切です。

認知症とともに生きる物語をつくる

　認知症カフェは「認知症とともに生きる人生」の始まりの場所でもあります。それは、認知症の人だけではなく、家族や地域のこれまで認知症について関心の薄かった人にとっても同じことがいえます。

　丹野智文さんは、「認知症の診断の後、病気になってから、いままで感じたことのない恐怖が、いつも私についてまわっているのです。寝ていても急に不安と恐怖が襲いかかってきます」「わけがわからないまま涙が出てきます」と、うつのような症状があったことを語っています。それでも前向きになれた理由の1つとして、同じ認知症の人との出会いを挙げています。「元気な当事者と出会うことで、（中略）私も前向きに生きることができました。やはり元気な当事者と出会うことがいちばんではないかと感じます」と語っています。また、「地元で支えてくれる人がたくさんできたことで、私自身が安心できるようになった」[1]とも語っていて、将来の希望となる人たちとの出会い、地域の人たちの支えが丹野さんを前向きな気持ちにさせたことがわかります。

　前頭側頭型認知症と診断された中村成信さんは、認知症の症状によって引き起こした万引きが原因で、仕事や信頼を失ってしまいますが、人とのつながり、地域とのつながりを取り戻すにつれ、希望へとつながり再び前に歩み出します。

　こうした出会いは、その人にとって単なるイベントではなく、新たな物語の始まりであり、新たな物語を紡ぐきっかけでもあります。認知症カフェは、こうした「ともに生きる物語の始まりの場」であるといえるのではないでしょうか。

2

認知症カフェの運営体制と
企画・運営者(モデレーター)の役割

① 「継続」を意識した体制をつくる

　認知症カフェは、社会福祉法人、地域包括支援センター、町内会、地域の
サークルなど、さまざまな団体や人が運営しています。だれでも認知症カフェ
を開催することができます。

　それがよさでもあるのですが、自由度が高く、明確な基準がないために、当
初は小さかった方向性の「ズレ」が、時間の経過とともに、どんどん大きく
なっていくことがあります。結果的に認知症カフェとは何なのか、どこに向か
えばよいのか見失ってしまうこともあります。認知症とともに生きる共生社会
の実現をめざした「これまでにない集まり」のはずが、気がついたら「これま
での集まり」(たとえば、家族会や高齢者サロン)の看板をかけ替えただけに
なっていたという事態に陥ってしまうこともあるようです。

　「ズレ」を地域性、多様性、個性ととらえることもできそうですが、認知症
に対する偏見を払しょくする、空白の期間をなくす、そして地域を変えるとい
う認知症カフェの目的を見失ってしまっているところも散見されます。すると
地域の人に「認知症カフェは何のためにあるの?」と迷いを生じさせてしま
い、認知症の人や家族、そして地域の人にも認知症カフェの必要性を感じても
らうことがむずかしくなってしまいます。

　認知症カフェには、企画・運営者の所属(たとえば、地域包括支援センター、
社会福祉協議会、町内会や地域の有志など)や活動の基盤の違いによる強みや
個性があります。その強みや個性を活かしつつ、認知症カフェを発展させてい
くことが期待できます。当然、弱みもありますが、それは、弱みを補ってくれ
る人や団体とつながることで、解決していくことができるように思います。家
族会やサロン、介護予防サークルなどの集まりから認知症カフェを始める場
合、ゼロから新たに始める場合の留意点は表2-1のとおりです。

表2−1 ● 認知症カフェを始める際の留意点

元の活動	認知症カフェの特徴・留意点
家族会から認知症カフェへ	運営者が固定化すると来場者も固定化する。開かれた場所で開催されていても閉ざされた集まりになるおそれがある。それを防ぐために、運営者は地域に根差したメンバーにすること、地域包括支援センターや地域の介護専門職などを迎える。ただし、「当事者の集まり」は必要なので、家族会も同様に維持し、共存していくことが大切。
高齢者サロンから認知症カフェへ	高齢者サロンと認知症カフェとの違いは、目的と方法にある。助け合いや顔の見える関係づくりは大切だが、その方法として、認知症カフェでは「認知症に関する情報提供」が行われる。また、認知症の人や介護が必要な人が来ると過度に意識し、支援的になりがちだが、だれもが水平な関係でいられるようなかかわり方を身につける必要がある。専門職と連携し、情報提供や相談対応の体制をつくること、時間の枠組みを設けて、ある程度の構造化（p58参照）を図ることが必要。
介護予防サークル等から認知症カフェへ	介護予防サークル等が認知症カフェを運営する場合、これらの活動の特徴は、自分のために行っていること、活動的なプログラムが中心であるということに留意する必要がある。歌を歌ったり体操をしたりというプログラムを中心に据えてしまうと、結局、元の活動とあまり変わらなくなり、認知症の人は参加しにくくなる。認知症の人、家族、専門職、地域の人が同じ立場で場を共有することが認知症カフェの特徴の1つでもある。専門職と連携し、協同することが大切。
新しく認知症カフェを開く	新しく認知症カフェを立ち上げる場合、1つの法人や個人の想いだけでは継続・発展の過程で課題が生じる可能性がある。まずは協力団体・法人を探すとよい。「あの認知症カフェはあの法人のもの」「あの人のもの」というイメージが強いと、周囲の人は閉ざされた雰囲気を感じることになる。地域の人や団体、法人や学校などと連携し、協同することで継続が見えてくる。
既存の認知症カフェの充実を図る	「認知症カフェを始めたが、人が集まらない」「来てくれるのはいつも一人か二人」ということもある。そのときに「一人でもその人のためになればよい」とあきらめたり、開き直らないことが大切。地域性があるにせよ、協力者と理解者を増やす努力を惜しまず、目的や方法を見直す時期に来ていると考えてみることも必要。
休止から再開する	感染症の拡大などによる休止から再開するためには、地域住民の理解を得る必要がある。福祉施設や病院などを会場としていた場合は、場所の変更を検討する。また、使い捨ての紙コップや紙皿を使用したり、個包装のお菓子を準備するなどの配慮が大切。

② 運営スタッフを集める、見直す

多くの人が集う認知症カフェの中心的な役割を担うのが企画・運営者（モデレーター）です。企画・運営者は、認知症カフェを目的に向かって推し進めていく中心人物であり、認知症の人、その家族や友人、地域の人、専門職の橋渡しをする仲介役です。

図2－1 ● 認知症カフェの運営スタッフ

企画・運営者 （モデレーター）	専門職ボランティア スタッフ	地域ボランティア スタッフ
認知症カフェ全体を推し進める。認知症カフェの「顔」となる。	来場者への個別の対応を行う。	地域に認知症カフェを根付かせる。

企画・運営者（モデレーター）

企画・運営者は専門職、地域の人から一人か二人選出します。専門職ボランティアスタッフと地域ボランティアスタッフのそれぞれの事情や関係を把握している必要があるため、各グループからの選出がよいでしょう。

企画・運営者は、その認知症カフェの雰囲気を決定づける人です。認知症ケアの専門的な知識と経験、またグループのリーダーの経験がある人、寛容で受容的、かつ主体的に活動に携わり、全体を見渡せる人物が望まれます。企画・運営者は、できれば二人いるとよいでしょう。一人では、特定の来場者からの質問に対応をしていると、全体を見渡す役割を担うことがむずかしくなるからです。

企画・運営者には、表2－2のような役割があります。

表2-2 ● 企画・運営者の役割

- 認知症カフェを目的に向かって推し進める
- 認知症カフェを運営する組織づくり（専門職ボランティアスタッフ、地域ボランティアスタッフのリクルートと組織化）
- 両方のグループの代表者からなるコアメンバー会議の開催
- 両方のグループのOJT（On-the-Job-Training）とOff-JT（Off-the-Job-Training）
- 来場者のガイドと全体の監督
- 認知症カフェ運営の経済的基盤の把握　など

■ Off-JT（開催前や別の場所で行われる研修）

企画・運営者は、専門職ボランティアスタッフ、地域ボランティアスタッフに対して、事前に認知症カフェの意義と目的、サロンとの違い、全体の流れを伝えます。始まってから混乱を招かないよう、まずはこれらを理解してもらい、そのうえで専門職ボランティアスタッフ、地域ボランティアスタッフの役割について説明をします。

事前学習は大切ですが、長い時間をかけて行うことは現実的にはむずかしいので、最低限、表2-3の内容を押さえておきましょう。文書として整理しておけば、それを読んでもらうことで代替できるかもしれません。

表2-3 ● Off-JTで伝えること

- 認知症カフェの意義、目的
- 認知症カフェとサロンとの違い
- 認知症カフェでの役割（これはOJTでもよい）
- 認知症の理解と対応（「認知症サポーター養成講座」を受講していればよい）

■ OJT（開催中に行われる研修）

OJTでしか伝えられないこともあります（表2-4）。たとえば、「だれが認知症なのか」を見分けるのは専門職でもむずかしいことがあります。認知症カフェでは、認知症であることを名乗る必要はありせん。もちろん親しくなれば、個人的に伝えてくれる人もいるかもしれませんし、話をしていくうちに認

知症かどうか、わかることもあるでしょう。このような環境のなかで判断するためには会話が大切ですが、地域ボランティアスタッフは、飲み物の準備に追われて、テーブルにつくことができない人もいます。そのとき、企画・運営者は、だれが認知症なのか、認知症の疑いがあるのかを地域ボランティアスタッフに伝えます。それは、環境やかかわり方の配慮のヒントとなります。

また、全体を見渡し、手が空いている地域ボランティアスタッフがいれば、一人になっている人の話し相手になるよううながします。来場者が地域とのつながりをもてるように支援する役割があるのです。

表2-4 ● OJTで伝えること

- 認知症の人はだれなのか（配慮が必要な人の共有）
- 孤立した人へのかかわり
- テーブルへの介入のタイミング

専門職ボランティアスタッフ

専門職ボランティアスタッフは、地域の介護、福祉、教育等の機関で認知症ケアに携わっている専門職で、認知症カフェの内容に理解のある人です。専門的な知識や経験を活かし、表2-5のような役割を担います。医師、看護師、社会福祉士、介護福祉士、作業療法士、理学療法士、言語聴覚士、ケアマネジャーなど、関係する分野の専門職がいると、認知症カフェで起こるさまざまな問題や来場者の悩みの解決に役立ちます。また、ミニ講話の講師として活躍してもらうこともできます。

認知症の人への声かけは、医師や看護師との連携によって、もっとも効果を発揮します。認知症カフェには、診断直後や初期の認知症の人、心配ごとのある人が来ていますが、その多くが地域の医療機関を利用しているため、顔見知りである可能性が高いからです。

表2-5 ● 専門職ボランティアスタッフの役割

- 各テーブルのコーディネート、ホスト（会話の促進、社会資源に関する情報提供）
- 来場者のアセスメント
- 会場のアレンジ

2 認知症カフェの運営体制と企画・運営者（モデレーター）の役割

地域ボランティアスタッフ

地域ボランティアスタッフは、町内会、地区社会福祉協議会、民生児童委員など、日ごろから地域づくりに貢献している人などが中心です。地域で認知症カフェを継続して運営するためのキーマンともいえます。感染症の拡大などにより、認知症カフェの開催がむずかしくなってきたときなどには、地域の人の代弁者としても、またその地域をもっともよく知る人としても中心的な役割を担うことになります。

地域ボランティアスタッフの役割は表2－6のとおりです。認知症の人とその家族に対して、正しい知識と理解、共感をもつ必要があるため、「認知症サポーター養成講座」を受講した人や自らの介護経験から専門知識を得た人などがふさわしいといえるでしょう。また、介護経験をふまえ、その過程と家族介護の大変さを受け入れてきた人にも声をかけてみましょう。地域ボランティアスタッフが認知症カフェの雰囲気を決定づけるといってもよいほど、重要な役割を担っています（Q22参照）。

表2－6 ● 地域ボランティアスタッフの役割

- 会場のアレンジ
- 飲み物の提供や会場での誘導
- 地域の仲間としての受容
- 認知症カフェの雰囲気をつくる

コラム4 ● 継続のために大切なこと

認知症カフェの継続のためにいちばん大切なことは、カフェの目的を明確にし、それを運営する仲間と共有することだと思います。同じ想いを共有できる仲間の存在は不可欠です。町会や民生委員など、地域のことを知る人たちを幅広く巻き込むことも大切です。「たんぽぽカフェ」は、今年で11年目を迎えました。3年半にわたるコロナ禍を乗り切ることができたのは、想いを共有している仲間の存在が大きかったと思います。車いすでそのまま入ることができる町会会館（無料）も大きな助けになっています。テーブルにはクロスを掛け、季節の小さな花を飾ります。ささやかな心配りで心地よい環境を整え、運営者と来場者が対等な立場でかかわり、だれもが入りやすい敷居の低い空間をつくっています。終了後に、次につなげる反省会があれば、運営者のモチベーションも上がります。来場者の人数にかかわらず、定期的に開催することも継続のための大事な要素です。

中島珠子（たんぽぽカフェ／東京都渋谷区）

3 認知症カフェの目的と構造（プログラム）

1 目的と方法を一致させる

　認知症カフェの目的は、正しい知識を得ることによって地域のすべての人の認知症に対する偏見を払しょくすること、そして認知症の人と家族と地域社会とのつながりを紡ぎ直すという心理社会的サポートを行うことです。こうした目的を達成するためには、どのような構造が必要なのでしょうか。

　企画・運営者は、認知症カフェのプログラムが、その目的を実現するための内容になっているかどうかを常に確認する役割があります。たとえば、介護予防を目的とした場では体操やレクリエーションに力を入れますし、一般的な「カフェ」であれば、コーヒー豆やケーキにこだわるでしょう。では、認知症カフェはどうでしょうか。

　認知症カフェのむずかしさは、認知症の人、家族、地域の人それぞれが、足を運ぶ理由が異なるという点にあります。それぞれのイメージや、得たい情報が異なるので、できる限りすべての想いに応える方法を整える必要があります。つまり、認知症カフェの目的を実現するためには、いくつもの要素が組み込まれた方法を取らなくてはなりません。したがって企画・運営者には、全体のバランスを見つつ、最善解を導き調整することが求められます。限られた時間のなかですべての来場者の属性を把握し、広くコミュニケーションを図りながら調整を続ける必要があるのです。

認知症カフェの構造化

すべての対象者に合わせる工夫

　さまざまな背景をもつ来場者に、毎回、網羅的に対応しなければならないという点は、認知症カフェの運営においてもっともむずかしく、もっとも大切なことといえます。たとえば、次のようなことが起こり得ます。

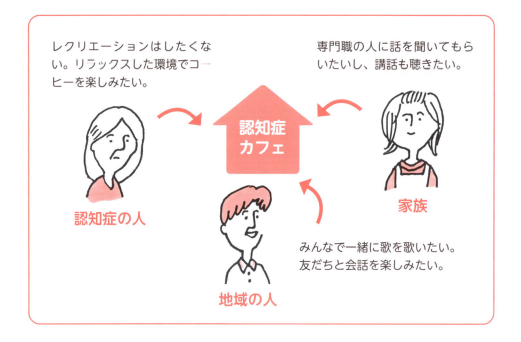

　このように、それぞれに認知症カフェに来る理由や想いが異なる場合、企画・運営者は、すべての人の声を聴きながら、認知症カフェとしての目的を達成しなければなりません。認知症カフェは、新しい認知症観を得ることで認知症に対する偏見を払しょくし、これまで課題であった診断前後の「空白の期間」を解消することをめざしています。また、日常生活の延長線上であるカフェという場で、ゆるやかに、繰り返し認知症について学ぶことで、地域全体が認知症について正しく理解し、タブーなく認知症について語り合えるようになることをめざしています。これらの目的を達成するために、認知症カフェの構造化は重要なポイントとなります（Q17参照）。

表2-7 ● 対象や目的に適した方法の選択

- 対象者（認知症の人、家族、地域の人）が多様であれば、認知症カフェの目的を達成するための方法も多様である。
- 対象者が同じでも、その人が認知症カフェに望むもの（訪れる目的）が変われば、方法のアレンジが必要である。
- 対象者が同じ属性（たとえば「家族」）でも、背景は一人ひとり異なるので、目的を達成するための方法は異なる。

　いまのところ、認知症カフェの標準的なプログラムは存在しません。しかし標準（迷ったときの拠り所）がなければ安定は望めません。その意味では、30年近くにわたり継続しているオランダのアルツハイマーカフェのプログラムは1つの理想といえるかもしれません。

　オランダのアルツハイマーカフェは、認知症になっても介護者になっても孤立しない地域づくりをめざして開催されています。対話を生み、地域の人が認知症を病気の1つとして受け入れ、その課題を一人ひとりが「自分たちで解決しよう」という土壌をつくっている状況は、「理想の認知症カフェとは」という問いに対する1つの「答え」といえるのではないでしょうか。

　現在、オランダでは、『アルツハイマーカフェ・マニュアル』と運営者研修会によって、運営の構造化が図られています。しかし、オランダでも普及に伴い、レクリエーション中心になったり、料理教室をしたりなど、場所によって自由なプログラムになっていったという歴史があります。元々は、認知症についてオープンに語り合う集まりをめざしていたものの、次第に限られた人だけの閉じた集まりになっていくという課題に直面しました。いま、日本でも同様のことが起こっています。認知症カフェが、だれか一人、あるいはある特定の属性の人だけが満足するものにならないように工夫が必要です。すべての人が「ここに来てよかった」と思える内容にしていくために構造化が役立ちます。

アルツハイマーカフェの構造化

　図2-2は、オランダのアルツハイマーカフェの5部構成の例です。第5部はクロージングといって、プログラム修了後の自由な歓談の時間ですので、実質

的には4部構成といえるかもしれません。縦軸は、その日のプログラムを、横軸は、それが1年間に10回繰り返されることを表しています。家の構造に例えると、その日のプログラムが「柱」、1年間の繰り返しが「梁」に該当します。こうした構造化は、簡単には崩れない安定感と安心感をもたらします。

　構造化されていると、だれが担ってもある程度一定の質を保つことができます。ある程度の期間、継続していると、毎回、何をするか悩んだり、会話に負担を感じたりする状況も生まれます。しかし認知症カフェは、繰り返しの学びがあることこそが大切なのであり、これは一過性の研修やイベントでは効果が表れにくい、信念や経験による偏見の払しょくに役立ちます。また、地域全体の認知症に対する理解を深めていくためには継続が何より大切です。だからこそ、特定の人に負担がかかりすぎず、だれもが安定して運営できることが重要なのです。構造化は継続のための大切な要素といえます。

図2-2　継続性を高める構造化

　当然ですが、「ここに来ても何も得るものがない」「私の来るところではない」と感じた人は次回からは来てくれないでしょう。構造化は、すべての人に「ここに来てよかった」と感じてもらうのに役立ちます。たとえば、他者とのふれあいを求めて来る人、ミニ講話を楽しみに来る人、自分の疑問を解決したい人などがいた場合、カフェタイムとミニ講話、ディスカッション（Q&A）の組み合わせであれば、それぞれのニーズを満たすことができます。

　継続的に来てもらうためには、「どのような背景の人でも、認知症カフェに来れば何か得ることができる」ということが大切です。

目的を見失わず、柔軟に対応する

表2-8に標準的なプログラムの例を紹介しました。継続と安定感、すべての人を受け入れ、すべての人が何かを得て、持ち帰ることができる包容力をもつ基本的構造です。しかし、地域によってはこのように30分刻みで展開することはなじまない場合もあります。たとえば、カフェタイムはもっと長いほうがよいということもありますし、ミニ講話は最後がよいということもあるでしょう。2時間ではなく1時間や1.5時間がよいということもあります。企画・運営者は、認知症カフェの目的をしっかりと意識しつつ、その地域における最適な構造化を探る必要があります。

認知症カフェは、毎月、繰り返し開催されるため、時にはレクリエーションだけを行う日があってもよいのです。感染症の流行時などには、時間を短縮して開催したり、休止したりすることもあるでしょう。つまり「目的を見失わず、いまの時期や地域に合わせる」柔軟さをもっておくことが大切です。

表2-8 ● 標準的なプログラムの例（約120分）

	時間	プログラム	具体的な内容
1部	30分	カフェタイム（入場）	入口で、はじめて来た人を中心に、ここに来た理由やいまの状況などを簡単にアセスメントする。自由に飲み物を飲み、カフェの雰囲気になじむ時間でもある。
2部	30分	ミニ講話	知識の伝達ではなく、具体的な工夫や考え方についての講話を行う。社会資源などの情報提供も含む。場合によっては、15分話をして「まとめ」を入れて、その後15分というように分割する方法もある。
3部	30分	カフェタイム	ミニ講話で得た情報について各テーブルで自由に話したり、日常会話をしたり、会話を楽しむ時間。相談がある人にはこの時間に対応する。また、情報コーナーへの誘導なども行う。
4部	30分	Q&Aや情報提供	各テーブルで出た話題などをもとに、質問を受け付け、講師が回答する時間。講話の補足説明なども行う。最後に情報提供や次回の案内などをして終了する。
クロージング（解散）			思い思いのタイミングで帰る。

第2章 認知症カフェ企画・運営マニュアル

3 認知症カフェの目的と構造（プログラム）

4

ミニ講話の効果と実施方法

① ミニ講話はなぜ必要なのか

「正しい知識」を得ることができる

　認知症カフェでは、リラックスした環境での出会いと認知症に関する情報が得られることを大切にします。したがって「ミニ講話」は認知症カフェにおける重要な柱の1つです。

　正しい知識を得ることは、認知症に対する偏見を低減することに役立ちます。「正しい知識」とは新しい知識のことです。知識や情報は更新されて、常識は変わっていきます。認知症は未だわかっていないことが多い病気なので、常に新しい情報を得ることが大切です。

　1990年代までは、「認知症になると何もわからなくなる」「認知症になるとすべて忘れてしまう」というのが常識として知られていた知識でした。現在では、すべて忘れてしまうわけではないことがわかっていますし、診断後の支援では、社会資源や制度、相談機関をはじめインフォーマルなサポートが格段に増えています。医療の面では、治療薬の開発も進み、診断技術の精度も上がっています。「正しさ」は、時代によって変わっています。認知症カフェで行われる「ミニ講話」は「古い認知症観」を更新する機会になります。

偏ったイメージや知識を修正できる

　ミニ講話が必要な理由として、すでにインプットされた偏ったイメージや知識を修正できる点があります。たとえば「認知症の記憶障害」と「加齢によるもの忘れ」の違いについて、「認知症の記憶障害は体験全体を忘れ、加齢によるもの忘れは部分的に思い出せなくなる」と説明を受けることがあると思います。このような説明からは、認知症の人に対して「できない」イメージが強調

されて連想されてしまいます。また、認知症についての知識や認知症の人とかかわる経験が十分ではない段階で、施設に入所している重度の人や寝たきりの人とかかわることで、認知症の「人」ではなく「病」に注目してしまい、ネガティブな印象がより強化されることもあります。こうなってしまうと、このイメージを修正することはとてもむずかしくなります。実際には、認知症の診断直後の人は、地域でたくさん暮らしていますが、直接かかわる機会はあまりありません。そして、経験によって強化された知識やイメージは、研修会や講演会のような一過性の学びではなかなか修正されません。

　認知症カフェは、地域の身近な場所で、生活の延長線上で学ぶため、自宅で暮らしている認知症の人と日常生活の一部として出会うことができます。しかも、毎月、やさしい言葉で語られる「ミニ講話」を繰り返し聞くことで、単純化された古い認知症観を少しずつ修正することが期待できるのです。

② ミニ講話で何を伝えるのか

　認知症カフェで学ぶ認知症の知識は、学校の授業や研修で得られるような「整えられた知識」ではありません。在宅介護は、そもそも認知症の人と家族との続柄もさまざまであり、環境もそれぞれ異なるため、予定調和に事が運ぶことはほとんどありません。このような個別性が高い場面においては、「整えられた知識」のとおりにはならないことのほうが多いといえます。

　人間には、「状況依存性」といって「現場に入って、手を動かして実行してみて、はじめてわかる（または気づく）」能力があり、日常のなかで身体性をもって学び、徐々にできるようになっていくことがわかっています。つまり「わかる」ことをめざすのではなく「できる」ことをめざした日常のなかの学びの時間をつくっていくことが大切なのです。認知症は、あいまいで複雑な症状があります。だからこそ認知症カフェでは、「何とかやっていくための知識（できることをめざした学び）」を意識して伝えていくことが求められます。

　では、ミニ講話のテーマとしては、どのようなものを企画したらよいでしょうか。講演会や研修会ではなく、日常のなかの学びの場である認知症カフェだからこそのテーマには、どのようなものがあるでしょうか。たとえば、「よい

施設の選び方」「ケアマネジャーの活用方法」「医療機関とのつき合い方」のように、来場者が知りたいこと、かつ日常生活に直接かかわりそうなテーマが望ましいでしょう。また、熱中症や防寒対策、防災など、季節やその時々の課題に合った内容、新たな制度や制度の改正などのタイムリーな話題のほか、介護サービスや医療サービスの活用法などは有益な情報になります。

　このような情報を提供する場合は、課題や問題、用語の説明ばかりではなく、「こうしたらうまくいった」「解決した」といった内容を伝え、さらになぜうまくいったのかを必ず伝えるようにしましょう。つまり、成功から学ぶ内容にすることが大切です。ポジティブにとらえ、「できる」という感覚を得ることが重要だからです（Q20参照）。

③ だれが、どのように伝えるのか

だれが伝えるのか

　繰り返しになりますが、ミニ講話では「きちんと整えられた知識」を伝えることが求められるわけではありません。大切なのは、日常生活に役立つ内容であることです。したがって、ミニ講話は、「経験している人」から学ぶことに大きな意義があります。たとえば、認知症のことであれば、認知症の人とかかわっている人、介護保険のことであればケアマネジャーや社会福祉士、地域のことであればその地域で暮らしている人に講師を依頼します。認知症のことを認知症の人から学ぶ機会があれば理想的です。

　認知症カフェは収益事業ではないので、補助金などがない場合には、基本的には来場者の参加費で運営費を賄う必要があります。予算の都合で、毎回、講師料を支払うことがむずかしいこともあるでしょう。そのためにも企画・運営者は、さまざまな専門職や地域の人に加わってもらい、無料でミニ講話を行うことができるように調整します。企画・運営者には、このようなマネジメントと新たな運営メンバーのリクルートを常に行うことが求められます。もちろん、講師として研究者や大学の教員などを呼ばないということではありません。その際には、趣旨を理解してもらい、講師料について相談してみましょう。

どのように伝えるのか

■ 時間

　全体が2時間のプログラムであれば、ミニ講話は概ね30分、全体が90分であれば概ね20分程度と考えてください。認知症カフェでは、対話と情報提供が大きな柱になるため、そのバランスを、いつも気にかけなければなりません。ミニ講話の時間が30分以上になると、認知症の人にとっては、長すぎてつらい経験になる可能性もあります。

　ミニ講話の間ずっと気難しい顔をしていた男性が、講話が終わると「期待したものではなかった」とつぶやいて、足早に会場を後にしたということがありました。この男性の真意はわかりませんが、おそらく求めていた情報が得られなかったのだと思います。認知症カフェは、さまざまな人が自由に出入りすることが特徴です。したがって、なかには期待していたものとは異なるテーマや内容だったと感じる人もいます。

　認知症カフェでは、一人ひとりの望む時間や内容にすべて対応できるわけではないので、短いと感じた人や、もっと深い話を聞きたいという人には、カフェタイムを利用して個別に話をする柔軟さと配慮が必要です。こうした一人ひとりの思いを汲み取ることも企画・運営者の役割の1つです。

■ 姿勢

　水平な学びの場をつくるためには、理想論やあるべき論を伝えることは避けたいところです。たとえば、認知症の行動・心理症状（BPSD）について、以前は「問題行動」と呼んでいましたが、本人にとっては何ら問題ではなく、あたりまえの反応であるという観点から使用されなくなりました。しかし、24時間、目を離すことができず必死に介護をしている家族にとっては、確かに「問題」ではあるのです。そのような状況にある家族に対して、「その人らしさを大切にしましょう」と言っても、その言葉が響くためには時間が必要です。ミニ講話の内容は、苦しんでいる家族がいることも意識し、例外があることを伝えるなど、苦しんでいる家族にも配慮した姿勢を取るようにしなければなりません。理想と現実にはギャップがあることを、それを乗り切る方法とともに伝えるという姿勢が大切です。

第**2**章　認知症カフェ企画・運営マニュアル

4　ミニ講話の効果と実施方法　65

■ スタイル

　自宅で血圧を測定すると正常値なのに、病院で医師や看護師の前で測定すると高血圧になってしまうことを、「白衣高血圧」「ホワイトコート症候群」というそうです。これはストレスに対する一種の過剰反応です。精神的に圧迫されるといつもより悪い状態もしくは、ふだんとは異なる状態を引き起こしてしまうという例です。

　こうした状況を解消するためには、ミニ講話の講師のふるまいや環境を「ふだんどおり」にすることが大切です。認知症カフェに医師や看護師などの専門職が来る場合がありますが、白衣やスーツ、制服ではなく、できるだけ休日のようなリラックスした格好で来てもらうほうがよいでしょう。

　講師が立ち上がって、スライドを用いて話をすると、先生と生徒という無用な役割をつくってしまいます。できれば、座って会話をするように話してもらいましょう。そして、プロジェクターやスクリーンは、どうしても必要なとき以外は用いないほうが、精神的な圧迫感が軽減されます。

写真2
ミニ講話の講師とファシリテーター

写真3
ミニ講話の様子

ファシリテーターの役割

　ミニ講話ではファシリテーターが重要な役割を担います。ファシリテーターは、運営メンバーのなかから選出します。まずは、専門職スタッフから担うとよいでしょう。認知症カフェでの学びは、知識を伝えるだけではなく、日常で使える学びに変換していく工夫が大切です。それが、来場者を「私も話をしてみたい」という気持ちにさせ、認知症について自分事として考える空間をつく

ります。こうした学びの時間と参加者をつなぐ「学びの共同体」をつくること
がファシリテーターの大切な仕事です。ファシリテーターの役割は表2－9の
とおりです。

表2－9 ● ファシリテーターの役割

1	事前に講師と打ち合わせをする
2	ミニ講話などの学びの時間の司会進行をする
3	講師の言葉をわかりやすく言い換えたり、質問したりする
4	来場者に質問をうながす
5	来場者と仲間のような関係をつくる
6	話し合える雰囲気をつくる

ファシリテーターには、ミニ講話の講師に、認知症カフェが一般的な講演会
や研修会と異なることを事前に伝えるという大切な役割があります。打ち合わ
せの際には、「対話形式で進めること」「途中で質問を挟むこと」を伝えておき
ましょう。また、対話形式なので、できればプロジェクターなどを使わず、
座って話してもらいたいと伝えます。そこには、先生と生徒のような、傾斜のあ
る関係ではなく、水平な学びの時間をつくる意図があることも説明しましょう。

ミニ講話の進め方

ミニ講話では、ファシリテーターは講師と来場者の間に立つイメージで（実
際は横に座ります）、講師の想いと来場者の気持ちを受容し、要約し、つなげ
る役割を担います。

■ 導入

導入では、最初に講師に自己紹介をうながします。来場者は、講師がどのよ
うな人なのかを知ることで安心して話を聞くことができます。その時に、講師
の人となりがわかるように、出身や趣味などを質問してみるとよいでしょう。

■ 講話中

講話の間は、話に耳を傾け、相づちをうったり、うなずいたりしながら講師が話しやすいように配慮します。そのうえで、来場者にとってむずかしい専門用語や業界用語、略語などが登場した際には、話の途中であっても質問を挟むようにします。ファシリテーターの質問は、理解を深め焦点を絞るのに役立ちます。たとえば、地域包括支援センター、BPSD、長谷川式スケール、ADLなどの専門的な言葉については、講師に詳しく説明してもらう、またはファシリテーターが補足的に解説するなどしましょう。歴史的な話や、人名、地名、薬剤名なども同様です。来場者の表情をよく見て、腑に落ちない表情や疑問を抱いている表情をとらえて対応します。ファシリテーターは、いわば来場者の代弁者であり、仲間としての役割があります。

ミニ講話の最後には、これまでの話を整理し、講師が言い残したことがないかを確認します。課題が残っていれば、後半のQ&Aにつなげたり、次回の講話につなげるようにし、来場者にその旨を伝えましょう。

■ ミニ講話修了後のカフェタイム

ミニ講話修了後のカフェタイムでは、ファシリテーターはテーブル全体を回り、疑問点やもっと知りたいことなどを来場者に確認します。それにより、講師と来場者との波長を合わせることができます。また、来場者からの質問内容が、全体で共有したほうがよいものであれば、その後のQ&Aで講師に投げかけ、答えてもらうこともできます。

■ Q&A

Q&Aの冒頭では、前半の話の整理を行います。そのうえで、来場者に質問がないかどうか投げかけます。投げかけても手を挙げて質問をする人がいなかったり、質問をする人がいつも同じだったりすることもあります。そのようなときは、ファシリテーターがあらかじめ質問を準備しておくと、それが呼び水になることもあります。

来場者の質問内容を予測できるわけではないので、講師に回答してもらうことがむずかしい場合もあります。また、さまざまな角度からの回答が役立つこともあります。そのようなときは、会場全体を見まわし、来場している専門職

に回答してもらう方法は有益です。オランダの『アルツハイマーカフェ・マニュアル』には、認知症カフェは「社会地図である」と表現されています。つまり、認知症カフェは地域社会の縮図のようなものであり、さまざまな専門職がいるということです。ファシリテーターは、来場者について把握しておき、質問に対して、専門職の立場から話してもらうというのもよい方法です。

ミニ講話の方法のアレンジ

ここでは、ミニ講話は前半30分、後半30分程度のQ＆A形式というオランダのスタイルを踏襲した4部構成の枠組みを紹介しました（p61参照）。これは、すべての人が参加でき、何かを持ち帰ることができるというコンセプトの基本形です。この方法以外にも、「カフェタイム」と「ミニ講話」の2部構成のスタイル、「カフェタイム」「ミニ講話」「カフェタイム」の3部構成のスタイル等のアレンジも可能です。それぞれ、地域のニーズに合った形で構成するとよいでしょう。ただし、対話と情報提供とその共有が中心となることが重要です。その点からは外れないようにしましょう。

ミニ講話以外の情報提供

ミニ講話以外でも、役立つ情報提供をする方法はあります。なかでも情報コーナーの設置は基本です。介護保険や認知症に関するパンフレット、その地域の情報誌なども置いておくとよいでしょう。また、各テーブルに専門職が入ることで、個別に来場者が知りたい情報を提供することができます。これも情報提供の1つの方法です（Q18、Q19参照）。

写真4
情報コーナー①

写真5
情報コーナー②

5

評価と改善

① 評価の方法

　認知症カフェの評価は少なくとも年に1回、運営グループ全体で行いましょう。評価は「構造（ストラクチャー）」「過程（プロセス）」「結果（アウトカム）」の3つの指標をすべて行い、次の計画に反映します。

　私たちは、多少の違和感があっても、その場にいるとすぐにその状況に慣れてしまうものです。たとえば、高齢者施設や病院に行くと独特の匂いや雰囲気を感じますが、1時間もその場にいると気にならなくなることがあります。つまりその場に慣れてしまうと課題に気づきにくくなるということです。

　認知症カフェも同じことがいえます。その場にずっといると課題や問題がわからなくなってしまうので、第三者に居心地や雰囲気について評価をしてもらう機会をもちましょう。もっとも望ましいのは、認知症の人に環境やスタッフ、企画・運営者の配慮に対する評価をしてもらうことです。

② 3つの評価の要素

　ケアや医療の質の評価で広く受け入れられている、ドナベディアンモデル（Donabedian, 1968）の評価基準には、「構造」「過程」「結果（成果）」の3つの枠組みがあります。もっとも重要な評価は土台となる「構造」で、1997年から30年近く継続するオランダのアルツハイマーカフェにおいて、何よりも大切にされてきました。

　構造は、目的を達成するための柱であり、土台となるものです。構造には、プログラム（4部構成など）、運営者・ボランティアの役割や人員・専門性、会場の広さやしつらえ、目的設定などが該当します。こうした内容、人的、物

理的「構造」がしっかりとしていれば、認知症カフェは安定し、継続と成長が期待できます。

「過程」は、認知症カフェの目的に向かうまでの過程のことです。開催した回数や来場者数は、目的達成のための大切な要素となります。よい構造や目標を定めてもだれも関心を示さなかったり、定期的に開催されなかったりすれば目的達成はむずかしくなります。年間の開催回数、ミニ講話のテーマや内容、見学者の数、新規来場者への波及、属性ごとの来場者のバランスなど、認知症カフェの目的に照らして、それを達成するための過程を評価します。「過程」の評価結果は、運営上の弱点の発見やそれを補うための対策立案に役立ちます。

「結果（成果）」は、認知症カフェを開催することで、当初かかげた目標が達成されたか、そして新たな広がりが生まれたかを評価します。しかし、認知症カフェの結果や成果はすぐに表れるものではありません。地域全体の認知症に対する偏見が低減したか、そして新たな友人や知人とのつながりができたかを明らかにするためには、少し時間が必要です。また、こうした目的は認知症カフェの活動だけで達成できるものではありません。これらの成果は、認知症カフェのほかに、専門職からの積極的な働きかけ、家族や本人への個別の支援などが組み合わされて表れるものです。「構造」の誤りや不具合がなく「過程」で目標が達成されていれば、必然的に「結果（成果）」が表れます。

表2-10 ● ドナベディアンモデルの評価基準

ドナベディアンモデルの視点	具体的な評価項目
構造	● プログラム全体の構造　● 運営グループのバランス ● 役割分担　● 目的設定や方法の妥当性 ● ミニ講話のテーマ設定や講話内容　など
過程	● 属性別の来場者数　● 年間開催回数や開催曜日 ● 新規来場者の数　● 見学者の数 ● 来場者のバランス　など
結果（成果）	● 目標の達成度　● 新たな協力者やネットワークの広がり ● 認知症に対する偏見、態度の変化 ● 社会資源とのつながり　など

5　評価と改善　71

3 認知症カフェの効果測定

　「効果測定」とは、目的に対して、妥当な項目について、信頼できるものさしで測ることをいいます。ただし、認知症カフェは、月1回程度開催されるものなので、たとえば、家族の介護負担の軽減や認知症の人の認知機能へのよい影響があったとしても、それが認知症カフェだけの効果であると断言することはできません。他の要因の影響も十分に考えられるからです。

　とはいえ、認知症カフェの「効果測定」はできないということではありません。現在、世界中でこの試みがなされており、家族の介護負担感、認知症の人の症状緩和などの報告は多数なされています。筆者が行った調査でも、家族が認知症カフェに来ることで、他の地域の活動とは異なる認知症カフェ特有のサポートが得られることが明らかになりました[2]。しかし、すべての認知症カフェで同様の効果が得られると言い切ることがむずかしいというのが正直なところです。認知症カフェの構造やプログラムがそれぞれ異なっており、対象が統制されていないためです。認知症カフェが、さまざまな人が自由に出入りする場であることを考えると、一人ひとりの人生や生活にどのような意味や価値をもたらしたのかというような、数字では表すことがむずかしい「物語」に着目することで、その効果をみていくことも重要であると思います（Q35参照）。

図2-3 ● 認知症カフェの評価（ドナベディアンモデルによる）

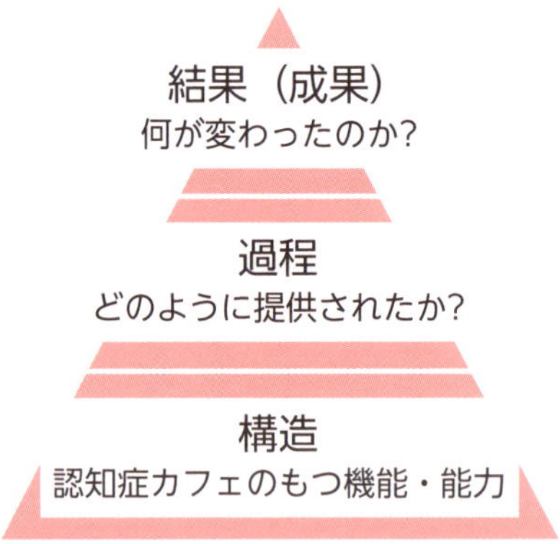

結果（成果）
何が変わったのか?

過程
どのように提供されたか?

構造
認知症カフェのもつ機能・能力

コラム 5 ● 行政に望むこと

認知症地域支援推進員として地域のみなさんと一緒に認知症カフェをつくってきました。私たちが大事にしてきたことは、「カフェの数や参加者の人数を増やすことを目的にしないこと」、そして、「認知症カフェにかかわる人たちが、カフェに対する価値観を共有し、同じ方向で進んでいくこと」です。そのためにも行政には、認知症の人、家族を含めた地域住民、専門職等の認知症カフェにかかわる人が、認知症についてともに考え、学び、自由に話す場や機会の提供を望みます。認知症カフェがめざすべき姿やコンセプトについて考え、共有することができれば、行き詰ったとき、困ったときの拠り所として、立ち返ることができると思います。

柳沼裕子・石坂光央（虹色カフェたいない／新潟県胎内市）

引用文献

1）丹野智文・奥野修司『丹野智文　笑顔で生きる―認知症とともに』p128-130、文藝春秋、2017年
2）矢吹知之・広瀬美千代「家族介護者が認識する認知症カフェのサポート機能の構造」『老年社会科学』46(1)、p7-19、2024年

第 3 章

認知症カフェにおけるコミュニケーション

認知症カフェと相談業務の場は異なります。認知症カフェというリラックスした雰囲気だからこそ、引き出すことができる表情や言葉があります。なぜ、コーヒーがあるのでしょう。なぜBGMがあるのでしょう。そしてなぜ、地域の中で展開されているのでしょうか。それら一つひとつに意味をもたせることで、いままで見たことのない表情や聞いたことのない本音が引き出される場面を何度も見てきました。その表情や言葉が、これからの生活の力になっていきます。そのためには、認知症カフェにおけるコミュニケーションの質を高めることが大切です。この章では、認知症カフェにおいて、認知症の人や家族とどのように信頼関係を築いていったらよいのかを考えます。

1 認知症カフェにおける専門職の姿勢

1 認知症カフェで「対話」をする

　認知症カフェの基盤は「対話」にあります。対話は、自分の意見を論じ合う「議論」とは異なり、それぞれの意見をすり合わせ、新しい概念を生み出すことをいいます[1]。

　認知症カフェには、さまざまな立場の人が集い、苦しみや悲しみ、不安も含め自分の想いを率直に伝え合い、「認知症とともに生きていく」という着地点をめざして対話が行われます。たとえば、家族が「どうしても頭にきてしまう。手を上げてしまうこともある」と話したとしても、その人を責めたり、その行為の良し悪しを議論したりすることはしません。また、その人に対して認知症の理解をうながす講義をすることもありません。そうなった理由や気持ちを話してもらい、別の方法での解決策を話し合います。

　また、認知症の人が不安そうに「最近、すぐに忘れてしまって…」と話し始めた場合には、その不安にただ耳を傾けることから始めてみましょう。少し時間がかかるかもしれませんが、その「間」を大切にして言葉を待ち、聴き手は相手の感情を言葉にしてみましょう。無言でうつむいている人には、「元気がないようですが、何かありましたか」と言葉にしてみることが対話につながります。専門的に接しようとか援助技術を活用しようなどと考える必要はありません。出会ってすぐに対話を始めることはむずかしいので、「コーヒーはいかがですか」など、雑談から入り、徐々に対話につなげていくこともあります。それがカフェのよいところです。とにかく先回りせず待つことが大切です。

　地域の人との対話でも同じことがいえます。「認知症を予防するにはどうしたらよいか」という話ばかりする人には、認知症の予防によい運動や食事について講義をするのではなく、「いつから関心があったのですか」などと言葉の背景を聞いてみましょう。過去に介護の経験があったり、いま現在、不安なこ

とがあったりするかもしれません。そのうえで、予防だけではなく、認知症になっても前向きに生きる方法について話し合ってみてもよいと思います。賛同したり、批判したりするのではなく、その人の感じていることや価値観に耳を傾けることで対話が生まれます。認知症カフェで行われる対話とは、立場や役割、認知症であるかないかを超えたこうした営みのことをいいます。

② いまの自分のこととして受け止める

　みなさんは、「もしも、自分が認知症になったら」「もしも、自分の夫や妻が認知症になったら」と想像したことはありますか。目の前で苦しんでいる認知症の人や家族の話を聞いて、助言することはできても、では、自分自身が同じ立場だったら、その助言どおりの行動ができるかと問われると少し考えてしまうのではないでしょうか。「もしも」という問いでは、可能性としては低く、「だいぶ先のこと」として想像する人が少なくないように思います。そのため、「もしも認知症になったら」ではなく「いま」または「明日、認知症と診断されたら」というように考えてみると、よりリアリティをもって考えることができるのではないかと思います。専門職や支援者として共感しようとするのではなく、目の前のその人の声や想いを、一度そのまま受け止めて、自分のこととしてリアリティをもって考えてみることこそ、水平な関係になるための第一歩であるように思います。

③ 相手の声に身をゆだねてみる

　認知症カフェには、さまざまな人が出入りします。それぞれの声に身をゆだねる時間をつくっていきましょう。自分では意識していなくても、専門職の何気ない言葉が認知症の人や家族を萎縮させてしまうことがあります。たとえば、正しい知識を伝えようと解説してしまうことや相手の気持ちを要約してしまうことはないでしょうか。

　だれでも苦しいことは話しにくいものです。それが自分の家族のことであれ

1　認知症カフェにおける専門職の姿勢　　**77**

ばなおさらです。一生懸命に気持ちを整理して話そうとしてもうまくいかず、何とか言葉にしてみると何か薄っぺらくなってしまった、本当の苦しさが伝わっていない、うまく言葉にできないと感じてしまいます。そんなとき、専門職や運営スタッフが、「こういうことですよね」と要約してしまうことは、別の言い方をすれば、苦しんでいるその人の想いを「省略」してしまうことになるのです。うまく言葉にできないときこそ「待つ」ことが大切です。

運営スタッフや専門職は、経験や事例をたくさんもっています。したがって、目の前の認知症の人の話や家族の話、地域の人の話を聞いて「こんな事例もありましたよ」と他人の事例と結びつけたくなるかもしれません。しかしそれは、話をしてくれた人にとっては「経験の権威化」となってしまいます。その人の感情や体験は、その人だけもので、他の人のものではありません。はじめて聞く話として、まっさらな気持ちで耳を傾けることが大切です。たとえ、つじつまが合わないことがあっても、その人にとっては「事実」です。専門職としてのフレームは横に置き、一人の人の大切な声と経験に身をゆだねることを意識しましょう。

心理的なハードルを下げる

訪れた人が入りやすくすることを「ハードルを下げる」といいますが、一方で、その認知症カフェに対して「入りにくい」「居心地が悪い」「長居したくない」などと思わせる、心理的なハードルを上げてしまうことがあります。

「経験」を権威化しない

ある認知症カフェで、次のような場面に遭遇したことがあります。

Aさん（はじめて参加）

> うちの夫、同じことを朝から晩まで何度も繰り返して、今日も「なんでデイサービスに行かなくちゃならないんだ」と言って、なかなか行こうとしなくて困っちゃって。

Bさん（常連の介護経験者）

> そうなのね。大変よね。私の母親のときもそうだったわ。それだけじゃなくて、トイレも失敗ばかりで本当に大変だったの。あなたのところもそうなるわよ。

Aさん

> そうなんですか。いまで精いっぱいなのに…。この先どうなってしまうのかしら。

　Aさんは、すでに精いっぱいなのにもかかわらず、常連のBさんは、いつの間にかAさんの悩みを一般化し、「みな大変だからあなたもがんばりなさい」という教示になってしまっています。Aさんは、一般化されることによって自分の経験や悩みについて、それ以上、話ができなくなってしまいました。さらに、この先の不安が増してきたようにも思います。

　この場面では、ピア・サポート機能で期待されている「語りを通して自己成長をする」機会を逸してしまっているようです。精神障害者の支援で有名な「べてるの家」の向谷地生良氏は、これを「経験の権威化」と呼んでいます。経験のある人が優位になると、そうでない人は排除され、それ以上語りにくくなります。「あなたは経験していないからわからないでしょう」と言われると、それは事実でもあり、その瞬間から、経験者以外はすべて「よそ者」になっていきます。この事態を回避するために向谷地氏は、「もし当事者と同じような状況に遭遇したら同様にとまどい、困難に陥るであろうことを知っている人としての専門家やその他の人になることでそれぞれのパートナーシップを結ぶことができる」[2]と説明しています。

認知症カフェでは、認知症の人、家族、地域の人、専門職それぞれの思いが交錯します。そのなかで、みな認知症のことを考えています。来場者すべてが認知症のことを考える「当事者」であることを意識することで、心理的なハードルが下がるのではないでしょうか。

経験や立場の多様性を受け入れる

　人口が少なく、デイサービスセンターが1か所しかないような地域では、デイサービスで、認知症の人と認知症ではなく身体的な障害のある人が一緒になる場面があります。すると、さまざまないさかいが起こり得ます。同じ場所に通っていても、それぞれ症状やそこにいる理由が異なることで、それぞれに違和感が生じ、その場の空気が崩れていくことがあるのです。
　家族介護者同士の集まりなどでも同じようなことが起こります。

Cさん（義母を介護）

義母を介護して4年。夫は仕事で忙しくて毎晩遅いし、息子は受験。親戚も頼れないし、経済的援助もありません。実母も介護が必要で遠距離です。経済的な負担について、何か助言がほしい…。

Dさん（常連の介護経験者）

大丈夫よ。私だって母親の介護を10年もしたもの。無理しないでたくさんサービスを利用しなさいよ。悪いなんて思わないでいいのよ。無理しないで。

　Cさんは、ここでは自分の気持ちはわかってもらえないと感じて来なくなってしまいました。そもそも、一人ひとりの経済状況や家族構成、認知症の人との続柄は異なります。嫁が義母の介護をするのと、娘が実母の介護をするのとでも思いは違うはずです。また、男性が介護をするのと、女性が介護をするのとでも違います。それまでの経験や関係性が異なるので、いまの苦労もとらえ

方が異なるのです。実際に家族会に参加してみると、男性の介護者はその場に
うまく溶け込めない人もいて、継続的な参加に結びつかないことがあります。

「国民生活基礎調査（令和4年）」によれば、同居している主な介護者（認知
症の人以外の介護も含む）のうち、男性は全体の3割程度いるはずなのです
が、家族会などでは、男性の姿が本当に少ないのが現状です。経験の違いから
その場になじめないのかもしれません。男性介護者の会、ヤングケアラーの
会、若年性認知症や原因疾患別、または続柄ごとに集まって意見を共有するよ
うな工夫をしている会もありますが、なかなか参加者の増加にはつながらない
ようです。「経験や立場の違い」が心理的なハードルになっていることがうかが
えます。

認知症カフェでは、来場者の経験や立場は異なることが前提です。したがっ
て、テーブルごとに専門職が加わりそれぞれの背景を聞いて思いの調整を図る
必要があります。こうした経験の違いを受け止めるための環境づくりや専門職の
かかわりが認知症カフェの心理的なハードルを低くする取り組みになるのです。

⑤ オープンさを演出する

認知症カフェはだれでも入ることができるオープンな場です。それをつくる
ためには「物理的なハードル」となる要素を知り、それを排除していくことが
大切であり、企画・運営者の役割ともいえます。認知症カフェは、自由に話し、
ゆるやかに、まじめに学ぶ集まりです。アルツハイマーカフェの創始者である
ベレ・ミーセン氏の言葉を借りれば、「支援と教育が組み合わされた構造的な
集まり」です。これを実現させるためには環境、物品、内容それぞれについて
ハードルを下げる工夫を続けていく必要があります。

開かれた場所で開催する

認知症カフェに入りやすくするためには、地域の中で開催されることが重要
です。これは物理的なハードルを下げるうえでとても大切なことです。また、
会議室や介護保険施設・事業所で開催するよりも、地域のコミュニティセン

第3章 認知症カフェにおけるコミュニケーション

1 認知症カフェにおける専門職の姿勢　81

ターやカフェ、レストラン、ショッピングモールやスーパーなど日常生活の延長線上にある場所で開催するほうがハードルは下がり、来場しやすくなります。ふだんからなじみのある場所であれば安心できます。新たな来場者を増やすことにもつながりますし、認知症カフェの地域全体への広がりと周知という点で大きな効果が得られるはずです。

　一方、このような場所で開催する場合には、気をつけなければならない点もあります。それは、地域のコミュニティセンターや公民館など、より身近な場所であれば、知っている人ばかりで、それが心理的ハードルになってしまう人もいるということです。認知症であることを「身近な人には知られたくない」と、公表を躊躇する人も多いことも忘れてはなりません。

　また、開催日の課題もあります。スーパーやショッピングモール、一般のカフェなどは、休日の午後のような、店が忙しい時間帯の開催はむずかしく、平日昼間のお客さんが少ない時間などに限られてしまうことがあります。つまり、企画・運営者や来場者の都合よりも、店側の都合を優先しなければならず、継続開催が困難になることがあります。また、設備や場所の問題でミニ講話ができない場合もあります（Q9、Q10参照）。

入口での対応に配慮する

　運営スタッフの対応も環境の1つです。入りやすさで大切なことは、入口での対応、場内の誘導、全体の流れがわかるように伝えることです。もっとも大切なのは入口での対応で、入口で流れが滞らないように工夫すると、その先もスムーズに流れ出します。

　認知症カフェにはじめて来た人は、入ることに躊躇している様子が見られます。そのときは、「こんにちは。はじめてですか」と声をかけ、座席まで誘導します。はじめて来た人は、ここでの時間の流れやどのようにふるまえばよいのかがわからず、不安に思っているはずです。そこで運営スタッフは、これからの時間の流れを説明し、コーヒーなどの飲み物の注文や受け渡し方法なども説明します。できれば、いつも来ている人で、会話がしやすそうな人のいるテーブルへ誘導するとよいでしょう。悩みや相談ごとがある人は、静かな席で、専門職スタッフが話を聞く時間をつくることで、はじめてでも自然とその

場に溶け込みやすくなります（Q29参照）。

会場内の雰囲気と環境づくり

　認知症カフェの会場内は、できるだけ話しやすく居心地のよい環境にアレンジしましょう。話しづらいと感じていることを話すわけですから、話しやすくするための工夫を怠ってはいけません。BGMは会場内の雰囲気づくりに役立ちます。オランダのアルツハイマーカフェでは、必ずボランティアがピアノやアコーディオンなどの生演奏をしています。「程よい雑踏」を感じられる空間をつくり、それによって語りやすさを生み出します。

　音楽は、話をしやすくするための手段であり、目的ではありません。したがって、全員で歌を歌うことに多くの時間を割くことは望ましいとはいえません。歌やレクリエーションのようなプログラムだけになってしまうと、そのようなプログラムが好きな特定の人だけの楽しみになってしまう可能性があるからです。認知症カフェは、対話こそが中心的なプログラムです。企画・運営者は、何もしない時間を埋めようと、さまざまなイベントを考えてしまいがちですが、この何もしない時間が対話の時間になるため、この時間を大切にしましょう。来場者の多くは、自分で話せたこと、聞いてもらえたことによって受容感を得られるものです。無理にレクリエーションやアクティビティを組み込むことは、これまで地域の活動を敬遠していた人の来場のハードルを上げてしまうことになります。

　また、会場内は全員の顔が見えるような会議スタイルではなく、カフェ形式のテーブル配置とし、座りやすいいすを用意しましょう。もちろん畳の部屋の場合は、座布団と低い机のほうがよいでしょう。環境や雰囲気づくりは、運営スタッフの意見を聞き、よりリラックスできるスタイルになるよう相談して決めていきます。

第3章　認知症カフェにおけるコミュニケーション

1　認知症カフェにおける専門職の姿勢　　83

2 認知症カフェにおける「対話」の基本

① 多様な属性を意識する

　認知症カフェには、認知症の人、家族、地域の人、専門職など、さまざまな人が来場します。なかには、現在在宅で介護をしている人、過去に介護を経験した人、そしていままさに介護生活が始まろうとしている人などもいて、悩みや不安の種類や深さは人それぞれです。

　認知症カフェを運営していると、来場者の背景や経験の違いによる思わぬ衝突や軋轢をしばしば経験することになります。企画・運営者には、このようなトラブルを未然に防ぐことや、起きてしまったいざこざを収めていく役割があります。

苦労や悲しみを比較しない

　あるとき、介護者同士で話をしている場面で、介護が始まったばかりの家族が「もの忘れや、同じことを何度も繰り返し聞くので、もう疲れてしまいました」と話していました。それを聞いていた、7年間在宅介護をしているという女性は「そんなのまだまだ序の口。これからもっと大変になるわよ」と言い、別のベテラン家族は「足腰が丈夫だった頃は大変だった。いまは寝たきりになってくれて助かった」と言いました。この言葉を聞いて、介護が始まったばかりの家族は、何も言えなくなってしまいました。

　経験の長さや認知症が重度であるということが大変さの評価基準になり、経験の濃淡の比較をし、その人よりも苦労したほうが優位性が高いという構図を生み出しているようにも思えます。こうした空間では、対話は生まれません。苦労や悲しみは、比較できるものではなく、その経験をした当事者の背景や置かれた環境によって異なることに注目し、耳を傾けなければなりません。

小さなテーブルで対話を個別化する

認知症カフェのなかには、大きな輪をつくり、全員の顔が見える形式で話をするところもあります。「カフェ」という場で「対話」をつくるためには、全員で1つのテーマについて話すことにこだわらないことが大切です。それぞれが好きなことを話しているという、雑踏や混沌とした状況をつくることに意味があるのです。

勇気を振り絞って家族や認知症の人同士の集まりに参加した人が、その後は来なくなってしまったということがありました。別の場面でその人に話を聞く機会があり、来なくなった理由を聞いてみると「私はあそこには合わない。私は他の人とあまりにも境遇が違うように感じた」と話してくれました。介護をしている家族も、認知症の人も、地域の人も同じ地域に住んでいるというだけであり、実際には、家族の状況も、原因疾患も、経済状況も、年齢も、続柄も、一人ひとり異なります。場を共有するためには、その背景への共感は大切ですが、抱える問題が深いほど、共感することがむずかしくなります。したがって、全員で輪になって置かれた境遇のすり合わせや比較を行うのではなく、小さなテーブルで、それぞれのいまの想いに耳を傾けるように心がけましょう。

運営スタッフがテーブルに座るときは、来場者の会話に耳を傾け、個別対応が必要な人にはそっと声をかけてみましょう。また、最初に座席に案内するときにさりげなく、背景が近い人同士が同席になるような誘導をすることも大切です。

専門職としての「正しさ」を押しつけない

認知症カフェの来場者は、「きれいごと」や「理想論」を聞きたいのではありません。認知症カフェだからこそ聞くことができる、専門職からの言葉を意識しましょう。「この前、力いっぱいつねられて、頭に血が上り思わず手をたたいてしまった」という男性の介護者がいました。この人に対し専門職が「それは虐待ですよ。本人の想いに沿ったかかわりをすればよいのです」という助言をしても心に響かないでしょうし、今後その人が自分の本当の想いを吐露する機会を奪うことになる可能性があります。

理想論やあるべき論（介護者としての規範）を押し付けることは、その人の精神的な疲弊や苦しみにつながる恐れがあります。在宅介護では、専門職による介護とは異なり、必ずしも専門的に「正しい」とされることが正しいとは限らないのです。その人は「そのような気持ちになることもありますよね」という言葉を求めているのではないでしょうか。苦しみの外在化が許されるコミュニケーションが、専門職の権威化を防ぎます。認知症カフェが、認知症について語れる場所、オープンに話せる場所になるためには、これまで人に話せなかったことを「語ってもよい」と感じてもらうことが大切です。聞いた側は、すぐに苦しみの解決をめざしたり、答えを出すことを考えたりしないでください。認知症の人や家族は、複雑でむずかしい問題を語ることで、苦しい状況への耐性を高めることができます。これが認知症カフェにおける対話です。

本人・家族のあいまいさを支える

本人の感じる不確かさを知る

　医師の長谷川和夫先生は、自身が認知症になってあらためてわかったこととして、「鍵をかけたのか、かけていないのか」「この人には会ったことがあるような気がするが、それは真実なのか」など、「確かなこと」が失われていくこと、「不確かさの連続」が不安であることと語っています。また、41歳で若年性認知症と診断された山中しのぶさんは、自分は認知症なのか、そうではないのか、加齢の影響なのか、ストレスのせいなのかといった不確かな状況から、認知症という診断を受けたことについて、「救ってくれたような気がした」「ホッとした」と語っています。樋口直美さんは、認知症と診断される前にうつ病という診断を受けていて、この病気は診断にさえもあいまいさが伴うことがわかります。

　このような不安感は本人が自覚している感情であり、一次感情といいます。こうした感情に直面する人を急かしたり、判断や結論を求めすぎたりすると、本人はさらに焦り、動揺し、被害的になり、どうしようもない状態に陥ると攻撃的になることもあります。不安感が背景にあり、それに伴う「怒り」の感情

は二次感情といわれています。大切なことは、まずは不安を感じていることを知り、その感情に耳を傾けることであり、不安の原因を理解して解決方法を一緒に考えることです。つまり「怒り」などの二次感情に移行する前の対応が大切なのです。

認知症カフェにおいては、本人の不安げな表情が見られることがあります。その不安は慣れない環境や他のテーブルの会話が気になって集中できないことなどからきているのかもしれません。そのようなときには、静かなテーブルを準備してゆっくり会話ができるように配慮しましょう。

家族の感じるあいまいさを理解する

認知症の人の家族には、割り切れない思いがあります。認知症カフェに来る家族もそのような感情を抱えています。割り切れなさの背景の1つには、周囲の言葉と自分の感じていることのギャップがあります。認知症と診断されても、目の前のその人の姿かたちが変わるわけではありません。しかし、認知症の影響で、かつてのその人では考えられないような言葉や行動を目にすることになります。たとえば、とても几帳面だった人が何もしなくなったり、温厚だった人が大声でどなるようになったりということです。そのとき家族は、目の前にいる大切なその人について「ここにいるのに、ここにいない」というような整理することがむずかしい感情に陥ります。こうした状態は「あいまいな喪失」といわれ、喪失体験の1つであると考えられています[3]。この状況は常に続くわけではなく、見た目も身体的にも以前と変わらないため、周囲に説明してもなかなか理解してもらえないという苦しさがあります。周囲の人には「ぜんぜん変わらないね。しっかりしているじゃない」と言われる一方で、日々その人と暮らしている家族は明らかに言動が変わっていることを実感しているために「だれにも、わかってもらえない」という孤独感を覚え、非常に深く苦しい経験をすることになります。説明しても理解はしてもらえないだろうというあきらめの気持ちになる可能性もあります。

大切な家族を部分的に失っているという「あいまいな」感覚を多くの家族がもつということを周囲の人は理解しなければなりません。このような家族に対して専門職は、認知症の特徴を理解することや病気と割り切るようにと助言を

してしまいがちです。その結果、家族の思いとのズレが生じてしまいます。認知症を受け入れ、乗り越えることではなく、認知症のもつ「あいまいさ」を受け入れられるようなかかわりが求められます。まずは、経験してきた「あいまいさ」を語ってもらうことが大切です（問題の外在化）。そして、認知症であるかないか、治るか治らないか、またはコントロールするというような両価的な感情を手放すことが、家族の耐性を高めることに役立ちます。そのうえで、その家族の生きてきた人生やこれからの計画などを聞き、「あいまいさ」の受け止め方を考えていきます。認知症カフェのなかでの家族との対話では、このようなことを意識することが求められます。

認知症についてオープンに話す

認知症について語り合う

　認知症カフェで、認知症についてオープンに語り合うことは認知症カフェの本質にかかわる重要な部分です。しかし、認知症について認知症の人と話をするということは、とてもデリケートなことであり、信頼関係が必要です。かつては「認知症の人は自分が認知症であるということがわからない」「忘れることを忘れるのが認知症」ともいわれていました。また、回復の見込みがない病気について話題にすることは、タブーであると考えられてきました。しかし、認知症の人が身をもって自分の経験を話してくれるようになったいまでは、認知症について認知症の人と語り合い、認知症の人から教えてもらうという状況に変化してきました。

　日常の場面でも、認知症の人が何度も同じ話をするときや、認知症の症状で不安になり、家にいながら「帰りたい」「ここはどこなのか」「死にたい」などネガティブな状態になりそうなとき、これまでは話をそらしたり、うまくかわしたりしてきたように思います。私たちは「語り」のなかに「希望」や出口が見えない話題について話をすることに慎重になります。あるいは「認知症の人は、認知症であることを自覚していない」と考えたほうが気持ちが楽だったのかもしれません。それは、認知症の人の自尊心を傷つけると同時に、自分自身

が傷つかないようにしていたともいえます。

　認知症の人と認知症について語り合うことこそ、認知症とともに歩むことであるという考え方を「認知症の認識文脈」といいます。認知症について、認知症の人と語り合うことを避けることは、本人が自分自身の異変に気がついているからこそ不信感を生みます。お互いに異変に気づいていながら、語り合わないことは「ストレス」となり、会話がなくなり、「沈黙」を生みます。認知症について語り合うことは、時に苦しみや悲しみを共有することになるため、避けたり、かわそうとしたり、なかったことにしたりしがちですが、それを超えてオープンに語り合うことが「ともに歩む」ことにつながるといわれています[4]。

図3-1 ● 認知症の認識文脈

よりよく生きるために認知症と向き合う

　「認知症とともに歩む」または「認知症になってもよりよく生きる」ためには、分かち合う仲間が必要です。専門職をはじめ周囲の人は、認知症の人が認知症とどのように向き合い、苦しんでいるのかを知らなければなりません。認知症について語り合うことは、必ずしも楽しく愉快な経験ではないことが多い

でしょう。したがって、自宅で認知症の人と家族が、認知症に向き合い、話し合うと、逃げ場もなく深く暗い感情をもたらす話題になってしまうことがあります。だからこそ、認知症カフェという場で、第三者である専門職スタッフや理解者と話すことが有益なのです。

　認知症カフェが、認知症についてタブーなく語れる場になると、本人が認知症とともに前向きに生きるための助けとなる場所になります。認知症カフェでは認知症のことを知り、ともに生きる人たちと出会えるからです。「友人と共有できるなら、悲劇はそれほど深く鋭いものではない」。これは、アルツハイマーカフェの創設のきっかけとなった、ナチスの強制収容所の生存者シャラーモフ・メリデール氏の言葉です。認知症カフェがこのような場になるためにタブーを超えていかなければなりません。

コラム6 ● 認知症の人をお誘いする方法

認知症の人をお誘いするために、私たちは3つの"距離感"を大切にしています。1つ目は物理的な距離感です。わかりやすい場所で認知症カフェが開催され、いつでも気軽に参加できる環境にしています。チラシには目印が入った地図を載せています。2つ目は心の距離感です。認知症カフェの運営側の都合で誘うのではなく、認知症の人が「参加したい」と思うタイミングを待ちます。認知症カフェの定期開催をお伝えして都合のよい時に参加できるようにし、参加時は特別なことをせずに途中参加や退出が自由にできることもお伝えします。3つ目は人との距離感です。認知症カフェに知っている人がいると参加するにあたり、精神的なハードルが下がります。認知症の人が信頼する支援者と一緒にお誘いし、参加者同士がつながりやすい雰囲気をつくっています。このように、押しすぎず、引きすぎずの心地よい"距離感"を心がけています。

城田浩太郎（あおのはカフェ／福岡県中間市）

3

認知症カフェにおける
コミュニケーション

❶ 認知症カフェにおける
コミュニケーションの意味

　自分や自分の家族が認知症かもしれないと思ったとき、だれに相談するでしょうか。まず家族や親戚、友人など身近な人に相談するかもしれません。また、かかりつけの医師に相談する人もいます。その他にも役所の相談窓口、保健所、地域包括支援センター、家族会などに相談する人もいます。いずれにしても「相談に乗ってもらう」という目的があります。

　一方で、私たちが一般にカフェや喫茶店に行くときの目的は何でしょう。単にコーヒーなどを楽しむだけではなく、自宅とは少し異なる時間を過ごすため、くつろぐため、落ち着いて勉強するため、やりかけの仕事をするため、本を読むためなどさまざまです。基本的にカフェは、そこでの時間を自分のために使う場所といえそうです。

　認知症カフェは、すべての人が受け入れられ、認知症をとりまくさまざまな情報を得ることができる場であり、認知症についてタブーなく語り合える工夫と配慮がなされた対話の場です。ここには、「支援する−支援される」という立場を超えた、水平なコミュニケーションがあります。

❷ 人を理解するということ

病気や症状だけではなく「人」と向き合う

　認知症ケアの歴史のなかで、認知症は「治らない病気」としてとらえられ、人を見ず病気を見て、その治療方法の開発や安全に管理することを重視してきた時代がありました。その頃は、認知症の人が示すさまざまな行動を問題視

し、それらの行動への対応に関心が向いていました。この時期をイギリスのトム・キットウッドは、「古い文化（オールドカルチャー）」と呼びました。

　しかし現在では、本人の苦しみや不安、周囲の人に何を求めているのかを知り、それに応えていくことの大切さに気づき、認知症の人への共感に基づくかかわり方を重視するようになりました。これを「新しい文化（ニューカルチャー）」と呼んでいます。そして「認知症」という病気だけをとらえ、「人」を理解する視点が欠けていたという反省から、「パーソンセンタードケア」という考え方が生まれました。それは、「認知症」という疾病や症状ではなく、一人の人として向き合うことに重点を置く考え方であり、かかわり方やサービスは、支援者が選択するのではなく、本人を中心に考えていくというものです。パーソンセンタードケアは、認知症とともにある人を一人の人間として認め、その人の歩んできた歴史（人生の物語）と人間性（パーソンフッド：personhood）を理解し、その人の視点に立ってその人の経験する世界を理解し、共感するという考え方です。もっとも大切なのは、認知症の人が一人の人として周囲に受け入れられ、尊重されることだけではなく、自分が周囲に受け入れられている、尊重されているということを認知症の人自身が思えることなのです。

　その人の人生は、一般に生活歴と呼ばれますが、生活歴は紙1枚にまとめられるようなものではありません。その人の歴史（人生）を理解するということは、その人の子どもの頃、青年の頃、大人になってからの体験を理解することであり、それを理解したうえで、その人がいま生きている姿を理解すること、そしてその人がこれからどのように生きていきたいのかという望みを理解することです。

認知症カフェにおける人と人との関係

　認知症カフェにおいて専門職は、認知症の人や家族に対して何か支援をしなければならないと思っているかもしれません。しかし、この思いが強すぎると認知症カフェに来た人のなかから「認知症の人探し」をしてしまうことがあります。認知症の人や家族から相談される場合は別ですが、専門職が「困りごとはないですか」「現在の生活状況はどうですか」などと質問をすることは、「支

援する人と支援される人」という関係を生むことになります。認知症カフェに集う人はお互いが対等な関係にあるということを理解し、一人の「人」として接し、その人を理解しようとする態度が大切です。

　パーソンセンタードケアは、認知症ケアの基本的な理念と考えられますが、「人を理解する」ことだけにとらわれすぎてもいけません。認知症ケアにあたる専門職は、「認知症」という病気を正しく理解し、それぞれの疾患が、その人にどのような影響を与えているのかを理解することも重要です。

認知症の人とのコミュニケーション

診断前後と告知後のかかわり

　認知症の人の場合、これまでふつうにできていたことに失敗が増えたり、約束を忘れるようになったり、周囲からもの忘れを指摘されるようになったりと、最初はささいなことで違和感を覚えるかもしれません。仕事をしている人は、「最近、疲れているのかもしれない」とか、「ストレスがたまっているのかもしれない」、あるいは「うつ病かもしれない」と思うかもしれません。

　しかしこのようなことが頻繁に起こると、不安は大きくなっていきます。周囲の人に相談すると、「そんなことは自分にもあるよ」とか、「歳をとると忘れっぽくなるのはしょうがないよ」などと言われることもありますが、これらのアドバイスは、本人にとってはあまり慰めになりません。この段階では、「わからない」ということが不安を大きくしているので、まずはその不安を取り除くことが重要です。したがって、病院や受診のことなどの入口の情報について、その地域の正しい情報を伝えることが大切です。認知症カフェでは、こうした情報となる冊子を事前に準備しておきましょう。

　専門の医療機関では、問診と検査などが行われますが、結果が出るまでに時間がかかります。受診後、診断がつくまでの「空白の期間」は、本人や家族にとって非常に不安な時期であることを理解しなければなりません。

　違和感の原因がわからない時期も不安ですが、原因がわかった後には別の不安が出現します。「認知症」という診断は、本人にとってもっとも恐れていた事

態なので、大きなショックを受ける人も多いでしょう。だれにも言えず一人で悩む人もいます。

　軽度の人や若年性認知症の初期の段階の人では、自分の境遇を理解している人も多くみられます。専門職は、自分の知識をできるだけ多く伝えようと思うかもしれませんが、本人がどのようなことを知りたいのかを把握して対応することが大切です。初期段階の人に対する支援は、ケアの問題だけではなく、病気についての不安への対処と、将来的な不安や心理的な課題に対する問題など、心理的な支援が重要となります。このとき本人や家族は、図3-2のように、それぞれ異なる不安感や恐怖感、孤立感を抱いているので、一人ひとりに適した声かけが求められます。

図3-2 ● 本人の不安と家族の不安

アルツハイマー型認知症の人とのコミュニケーション

　アルツハイマー型認知症の主要な症状には、もの忘れに代表される「記憶障害」、時間や場所、人などに対する見当がつきにくくなる「見当識障害」、物事の判断がつきにくくなる「判断力障害」、物事の手順や段取りがわかりにくくなる「実行機能障害」などがあります。このような症状は、その人の心理にどのような影響を与えるでしょうか。

　たとえば、認知症カフェに来ても「ここがどこだかわからない」「自分がなぜここにいるのかわからない」「周りにいる人がだれだかわからない」などの状態になり、心理的に大きな不安を抱えることになります。また、会話をするなかで「さっき言ったでしょうと言われるが、そんな覚えはない。無性に腹が立つ」「目の前からどんどん物が消えていく気がする。周りの人はそんなことをわかってくれない。盗まれたような気がする」など、さまざまなことを感じているでしょう。このような状況に置かれるとだれでもストレスを感じるものです。さらに周囲の不適切なコミュニケーションが、認知症の人のストレスを増大させていくこともあります。

　アルツハイマー型認知症の場合には、その基本的な症状（中核症状）をよく理解し、適切に対応していくことがポイントとなります。記憶障害に対しては、もの忘れを責めず、根気よく対応すること、見当識障害に対しては、時間や場所の見当をつけやすくすること、判断力の障害に対しては、情報量を減らして簡潔に伝える工夫をすること、実行機能の障害に対しては、一度に多くのことを伝えずに、1つずつ分けて伝えることなどが効果的です。中核症状を理解して適切な対応を心がけることにより、コミュニケーションは良好なものとなっていきます。

3　認知症カフェにおけるコミュニケーション

血管性認知症の人とのコミュニケーション

　血管性認知症の症状は、アルツハイマー型認知症に比べると、初期の頃はもの忘れが目立たないため、認知症と理解されにくいものです。障害を受けた脳の部位により、失語などのコミュニケーション障害が起こることがあるため、言語の理解力などを確認することは大切です。また、脳に障害を受けていない部分もあるため、症状はまだら状に現れ、コミュニケーションを行ううえで個別的な対応が必要になります。また無気力（アパシー）が、高い頻度で出現するのも特徴です。

　血管性認知症の人は、「はっきりわかることと、わかりにくいことがある」「個人的にいろいろやってくれるときはいいが、大勢で何かをやろうと言われたときに抵抗感がある」「なんだかやる気が起きない」などさまざまなことを感じています。血管性認知症の人に対しては、アルツハイマー型認知症の人よりも、より個別的なコミュニケーションが重要であり、長い時間をかけるよりも、短時間で頻回にコミュニケーションをとるほうが効果的といわれます。認知症カフェでも関心がなさそうにしている場面を見かけたときは、個別のかかわりを増やしていくことが必要です。

レビー小体型認知症の人とのコミュニケーション

　レビー小体型認知症の症状は、初期の頃はもの忘れが目立ちません。主要な症状としては、幻視とパーキンソン症状を特徴としますが、視空間認知障害や変動する認知機能障害、替え玉妄想（自分の家族が偽者だという妄想）などが起こることもあります。このような症状は、レビー小体型認知症の人の心理にどのような影響を与えるのでしょうか。

たとえば、「変なものや怖いものがはっきりといろいろ見えるが、周囲の人に言ってもわかってくれない」「いまいる部屋が同じように他にもある気がする」「部屋が大きくなったり、小さくなったり、ゆがんで見えたりする」「歩こうとしてもなかなか足が出ない」など、さまざまなことを感じています。このように他の認知症には見られない症状があることを理解する必要があります。幻視については、壁にかけたコートやテーブルの上の花などから誘発されることもあるので、認知症カフェの会場でも配慮が必要です。また、一日のなかで症状が変動することも多いので、混乱した時間帯に無理にコミュニケーションをとろうとしてはいけません。またパーキンソン症状や自律神経症状は、転倒を誘発することが多いので、周囲の配慮も必要でしょう。

あそこに子どもがいるけれど、だれも見えていないのかしら？

部屋がゆがんでいるように感じる…。何だか怖い…。

前頭側頭型認知症の人とのコミュニケーション

　前頭側頭型認知症の症状は、初期の頃は、もの忘れが目立たず、社会性の欠如や人格変化などが目立つため、認知症と認識されにくい場合があります。その他の症状では、同じ日課で時刻表的に行動することや同じ行動を繰り返す常同行動なども見られます。

　その人の想いには、「自分が座る場所にだれかが座っていると腹が立つ」「自分がいつものとおり外に出ようとすると、周りの人たちがいろいろ言って止めようとする」「自分の行動を周りの人たちはことごとく止めようとする」など、さまざまなことを感じています。認知症カフェでは、こうした特徴を理解し、個別のコミュニケーションを工夫することが必要です。その際には、本人の行動や言動を可能な限り尊重すること、同じ行動を繰り返す場合は、可能な限りそれを遮らないようにし、他の来場者への理解を求めることなども大切です。

4 認知症の人の家族とのコミュニケーション

診断前後と告知後のかかわり

　認知症カフェには、自分の認知症の心配より家族の認知症が心配で来る人が多く見られます。高齢者の場合と年齢が若い人の場合で心配の内容が大きく異なります。家族は確信がなく、心配しているので、すぐに病院や介護保険サービスを紹介するのではなく、まずは不安な気持ちに耳を傾けることから始めましょう。

　医療機関を受診する場合、本人からすすんで受診することは少なく、多くは家族が本人を連れて行くことになります。家族は、本人に何と言って病院に連れて行けばよいのか、本人が受診をいやがったらどうしようかなど、思い悩むことになります。また医療機関を受診した後も、診察やさまざまな検査の結果が出るまでの期間は不安な時期です。この時期に家族は、将来の不安感や「なかなか人に言えない。どこに相談すればよいのか」という孤立感などを感じます（p94参照）。この段階では、適切な情報提供を行うことと、支援機関や団体などにつながることが重要です。認知症カフェでは、そうした地域の支援団体やNPOなどの情報も準備しておくことが必要です。

先回りしない、一人で解決しようとしない

　認知症カフェに来る家族は、認知症の人の行動に違和感を覚えている段階、受診をためらう段階、診察から告知に至るまでの段階、告知後の段階など、さまざまな段階にある可能性があります。

　認知症の人の行動に違和感を覚えている家族は、どこに相談すればよいのか、だれに相談すればよいのか迷っていることも多いでしょう。また、違和感の原因がわからないために不安になっていることも多いでしょう。さらに、認知症の可能性を否定したいという思いも重なり、自分からだれかに相談することをためらうこともあります。

　認知症カフェでは、専門職や地域ボランティアスタッフなどが「何かお困りのことはありませんか」と話しかけることは多いかもしれません。しかし、相談するという心の準備ができていない場合や、医療機関を受診することをためらっている場合もあり、この段階で「困りごとはないか」と聞かれても、かえって引いてしまうことになるなど、逆効果になることもあります。認知症カフェにはさまざまな人が集うため、そのなかには医療機関を受診して告知を受け入れた家族がいて、不安を抱いている別の家族の話を聞くうちに自分から話し始める人もいるかもしれません。専門職の人は、一人で支援しようと考えず、居合わせた他の家族とのやりとりを大切にすることも必要でしょう。

　認知症という現実を受け入れられない家族は、「ミニ講話」で認知症の話を聞いたとしても、「うちの場合はまだ大丈夫」というように、典型的な症状と異なる点を探して安心しようとするかもしれません。このように、認知症を現実として受け入れる段階では、不安と葛藤が入り交じる複雑な状況にあると考える必要があります。専門職はあまり前に出すぎず、いつでも話を聞くことができるという雰囲気をつくることも必要でしょう。

　また、認知症カフェには、医療機関の受診を決めた家族がいるかもしれません。なかにはどうしたら本人が病院に行ってくれるのかというアドバイスを求めて来る家族もいます。認知症カフェでは、そこに居合わせた認知症ケアの先輩家族が、自分の体験をふまえたアドバイスをしてくれることもあるでしょう。

第**3**章

認知症カフェにおけるコミュニケーション

現実を受け入れられない家族

認知症であるという現実を受け入れられない家族には、認知症の人に対して病気になる以前の姿を求めている人が多くいます。現実を直視できず、「あんなに立派だった父が…」「あんなにやさしかった母が…」「あんなに頼りになっていた夫が…」「あんなに素敵だった妻が…」など、自分が大切に思っていた人がだんだんと変わっていく姿を受け入れることがむずかしいのです。

現実を受け入れられない家族は、認知症という病気であってほしくないという気持ちがあるため、本人に対して、「できるはずだ」とか「どうしてこんなことがわからないのか」というように、厳しく接することが多いようです。厳しく接する理由は、どうにかすれば元に戻るのではないか、あるいは本人ががんばれば「ふつう」にできるのではないかという思いがあるからです。

しかし、本人の能力を超えた過剰な要求をすることは、ストレスを与えることになり、症状が悪化する可能性があります。また、本人と家族との人間関係にまで影響を及ぼすことになります。認知症であるという現実を受け入れることは家族にとってもつらく、やりきれないことです。支援者は、まずそのつらさや、やりきれない気持ちを受け止めることから始めなければなりません。

次の段階は、本人の現在の能力に目を向けてもらうことです。認知症によって失われた能力を追い求めることは、本人にとって負担が大きいうえに、効果はほとんどありません。しかし、現在できることを伸ばしていくことは、本人の自信につながります。ストレスを与えるのではなく、本人と家族がおだやかに生活していくためにはどうすればよいのかという視点で、アドバイスすることが重要でしょう。

本人に対して拒否的な家族

認知症の人に対して拒否的な家族やこれまでの人間関係を引きずる家族もいます。認知症の人に対して否定的な家族は、認知症であるという現実を受け入れられない家族と同様に、本当はできるはずなのに本人が努力していないと感じているかもしれません。また、家族は一生懸命がんばっているのに、それが正当に評価されていないと感じている場合もあるでしょう。

認知症の人を介護する家族には、2つの問題があるといわれています。1つは認知症の人に認知機能障害があることによる問題、もう1つは、ねぎらいが少ないことによる問題です。認知症の人に認知機能障害があることによる問題は、家族が何度話をしても、それを覚えていないため、同じ話を繰り返さなければならないことを意味します。このことが原因で家族はストレスを抱えることになります。つまり、認知症の人をケアする家族は、認知症という病気を正しく理解していないと、日常のケアでさまざまなストレスを感じることになるのです。このような意味でも、認知症カフェにおけるミニ講話などを通した学びは、重要といえるでしょう。

　さらに、ケアにあたる家族に対するねぎらいが少ないという問題は、自分の苦労をだれもわかってくれないという思いにつながります。「がんばっていますね」「あなた自身が疲れていませんか」「あなたの体調は大丈夫ですか」など、家族を気遣ったりねぎらったりする言葉かけは、家族にとってうれしいひと言であり、自分のことをわかってもらえている、あるいは自分の苦労が理解されていると感じる機会になります。認知症カフェにおけるコミュニケーションでは、家族のがんばりを認め、ねぎらいを示すような言葉かけも大切です。

　ただし、これまでの人間関係が介護上の拒否につながっている場合には、その根本的な解決に時間がかかるだけでなく、周囲のねぎらいだけでは解決が困難です。「いままでさんざんな目にあわせておきながら、認知症だからと言われても…」「認知症になる前から、一緒にいること自体が無理なんです」という家族に対しては、認知症カフェの場で問題解決を図ろうとせず、まずはじっくり話を聞くことから始めましょう。

認知症の人に対して献身的すぎる家族

　認知症の人ができないことをすべて肩代わりし、代弁しようとする家族もいます。このような家族は、認知症の人が話そうとする言葉を遮り、代弁しようとする姿が多く見られます。しかし、このようなかかわりは、認知症の人が自分の思いを伝えようとする気持ちをくじいてしまうことになります。本人は、いろいろ話したいことがあってもあきらめ、自分は何もできなくなってしまったと思い込み、自信を失っていくことになります。

このような場合、認知症の人と家族を別々のテーブルに案内し、そこに専門職が入るというのも1つの方法です。家族に本人が他の人と話す姿を見てもらうことで、本人の「話したい」という気持ちや、「できることも多い」という事実を認識してもらう機会になります。

　認知症カフェは、本人や家族が楽しめる場所であり、受け入れられる場所です。そのなかで正しい情報を得たり、悩みを話し合ったり、気づきを得たりすることも認知症カフェの大切な機能といえます。

コラム 7 ● 病院で開催する認知症カフェ

外来診療をしていると、「もっと早くお会いすることができれば」と思えてならない場面が多々あります。病院はさまざまな支援の起点でもありますが、症状が関心事となり相談するには敷居が高いという声を耳にすることがあります。このような経験から、揺れ動く気持ちや語ることができなかった思いに寄り添い、必要に応じて専門的な情報や支援につなぐことのできる寛容で敷居の低い場の必要性を感じ、病院内での認知症カフェの開催に至りました。病院で開催することにより、来場者に対しては診断前からのさりげない継続的なサポートができるかもしれません。病院職員にとっては、その役割意識が時に支援の足かせになることがありますが、認知症カフェに参画することで認知症の人の思いにいくらか近づくことができるかもしれません。認知症カフェに地域の専門職が集い、自然と医療連携が深まる可能性もあります。もちろん病院での開催によりかえってカフェの敷居が高くならないよう、さまざまな工夫は必要です。

中山寛人（ららカフェ／山口県下関市）

引用文献

1) 平田オリザ『対話のレッスン―日本人のためのコミュニケーション術』p168-169、講談社学術文庫、2015年
2) 向谷地生良『技法以前―べてるの家のつくりかた』p44-48、医学書院、2009年
3) ポーリン・ボス著、和田秀樹監訳『認知症の人を愛すること―曖昧な喪失と悲しみに立ち向かうために』p4-14、誠信書房、2014年
4) Barney G.Glaser, Anselm L.Strauss著、木下康仁訳『死のアウェアネス理論と看護―死の認識と終末期ケア』p9-13、医学書院、1988年

第 **4** 章

Q&Aでわかる認知症カフェの運営と継続

　認知症カフェは、だれのために、何のために行うのでしょうか。企画・運営者は活動を継続するなかで、運営方法についてさまざまな迷いや疑問が生じることがあります。ここでは、理念に基づく実践、そしていくつかの理論をもとに、よくある疑問に答えていきます。ポイントを絞って解説していますので、地域の特性にあわせてアレンジしてみてください。

1 認知症カフェの基本的なこと

Q1 認知症カフェとサロンやミニデイとの違いは何ですか

　ふれあい・いきいきサロン（以下、サロン）は、全国社会福祉協議会が推進する活動で、高齢者を対象に体操などの活動を通した仲間づくりによって、孤立防止や地域のつながりづくりを目的としています。各地区社会福祉協議会を中心に、地域住民によって運営されています。ミニデイサービス（以下、ミニデイ）は名称や役割が地域や自治体によって異なりますが、サロンよりも介護予防を意識した取り組みが多く行われています。

　一方で認知症カフェは、認知症施策の一環で推進されていますが、だれでも運営することができ、高齢者だけでなくさまざまな人が訪れることができる開かれた場所です。認知症である・ないにかかわらず、認知症に関する情報共有と新たな出会いやつながりの機会をつくることをめざしています。情報提供は認知症に関する内容を軸としており、認知症カフェを起点として地域全体の認知症に対する偏見を払しょくすることを期待しています。そのため、専門職も地域住民もともに運営スタッフとしてかかわり、認知症の人が訪れやすく、過ごしやすくなるような配慮や工夫をすることが求められます。

　地域の人からサロンやミニデイとの違いを聞かれたときは、サロンやミニデイを否定するのではなく、認知症カフェには、サロンやミニデイとは別の役割があることを明確に伝えることが大切です。

コラム8● サロンとの差別化

大阪府池田市で開催しているオレンジカフェ（認知症カフェ）は、「認知症の人・ご家族・地域住民との語りの場、そして居心地のよい居場所でありたい」という目標をもって始まり、その思いは5年目を迎えるいまも貫かれています。体操もイベントも歌もゲームもしません。その役割はサロンにお任せしています。体操やイベントを行っているなかで、認知症の人や家族は、不安や焦燥・絶望・孤独・孤立等を話すことができるのか、思いを共有することができるのか。認知症カフェは、だれのための何のための場所なのか、自分たちはどのようなカフェをめざすのか、そしてそこは認知症の人や家族・地域住民にとって必要な場となっているのかを常に問いかけ進めていくことが重要なのだと考えます。

平野享子（オレンジカフェ（認知症カフェ）／大阪府池田市）

Q2 認知症カフェと本人ミーティング、一体的支援プログラムとの違いは何ですか

　本人ミーティングは、認知症の診断を受けた本人だけが参加するピア・サポートの場です。認知症の診断直後の困惑やとまどい、ショックを受ける時期に、対話や相談によって、現状を受け入れたり、これから先の指針を得ることを目的にしています。時間や内容はそれぞれですが、認知症の人から認知症の受容や生活の工夫などの話を聞く「認知症の本人による認知症の本人への支援」が行われています。

　「認知症の人と家族の一体的支援プログラム」は、2022年から地域支援事業で始まった新たな事業です。1993年にオランダで始まったプログラムがもとになっています。「一体的支援プログラム」または「ミーティングセンター」と呼ばれており、認知症の人と家族を対象としています。地域住民は含まれません。プログラムは、やりたいことの「話し合い」→「実行」→「振り返りと今後についての話し合い」という流れが基本的な構造です。プログラムを通じて、家族は他の家族のかかわりを見て、自分のかかわり方に気づく機会になり、本人は計画・実行を繰り返すことで自己効力感を得る機会になります。

　認知症カフェは高齢者に限らず、認知症の人、家族、地域に暮らすすべての人が対象であり、地域全体の認知症への寛容さと共感を育む場です。認知症の理解を深めるための情報共有と人や地域とのつながりをもたらすことをめざし、ミニ講話やカフェタイムが設けられます。企画・運営者は、それぞれが訪れやすく、得るものがあると感じられるための配慮や工夫などをコーディネートする必要があります。運営は、だれでも担うことができ、オープンな環境をつくることが大切です。また、認知症カフェに来ることで、本人ミーティングや一体的支援プログラムなどの新たな社会資源につながるなど、ハブ的な機能も備えています。

認知症カフェについてどのように説明したらよいですか

　認知症カフェが日本に紹介されてから10年以上が経過していますが、地域の中では、まだまだなじみがある場所とはいえないでしょう。したがって、認知症カフェの目的の説明は継続的に行うようにしましょう。また、認知症カフェに来る人は、それぞれ異なる思いと背景をもっているため、それぞれの背景や置かれた状況をふまえて認知症カフェについて説明する必要があります。

　認知症の人のなかには、新たな人との出会いやなじみのない場所に出かけることを避けようとする人もいます。その背景には、会話についていけないのではないかという不安、レクリエーションや歌などのプログラムにうまく対応できないのではないかという不安、慣れない環境にいる居心地の悪さなどがあります。だからこそ、認知症の人に対しては、理解者がいること、おいしいコーヒーがあること、会話をする場所であり、安全な場所であることを伝えましょう。

　家族のなかには、認知症の人を家に置いて外出できないという思いがある人もいます。そのため、家族には、本人と一緒に来ることができる場所であること、専門職がいることを伝えましょう。そして、専門職とゆっくり話ができる場所であり、認知症について学ぶこともできることを伝える必要があります。

　地域の人のなかには、「私は認知症ではないから行かない」という人もいます。そのような人には、地域づくりや学びの場であることを伝えます。認知症カフェは、認知症について学びを深める場所であり、共生社会の実現のための要となる場所であることを伝え、理解してもらうことが大切です。何より、認知症カフェはだれでも参加することができる場所です。「コーヒーだけでもどうですか」と、気軽に声をかけることができるのも認知症カフェの魅力の1つです。

「認知症カフェ」という名称をつけなければならないのですか

　「痴呆」から「認知症」に名称変更されたのは2004年のことです。「痴呆」という用語は侮蔑的な表現であるという理由からでした。認知症はだれでもなり得る病気であり、決して恥ずかしいものでも隠すべきものでもなく、社会が向き合うべきものであるというメッセージが込められています。ただし、認知症という名称が一般化するのと同時に、「認知症にはなりたくない」という偏見ともいえる考えが広がっている現状もあります。

　認知症カフェの企画・運営者から「"認知症カフェ"とすると人が集まらなくなるので"認知症"という用語を外しました」という話を聞くことがあります。本当にそれでよいのでしょうか。関係者がそれを避けてしまうことで、認知症に対する偏見は正当化されてしまう可能性があります。人が集まらないのは、「認知症」という用語がもたらすものではなく、「認知症カフェ」が地域の人に正しく理解されていないからではないかと思います。

　言葉は偏見を助長します。したがって、略したり言い換えたりすることにも注意が必要です。認知症を「ニンチ」と言う人もいますが、世間一般に理解が進んでいない状況で、認知症カフェを「ニンカフェ」などと略してしまうと、より地域の人の理解が進まないことが考えられます。

　「認知症カフェ」はまだまだ新しい言葉です。だからこそ、認知症カフェについて、まずは企画・運営者が言葉を正しく使い、わかりやすく説明しましょう。たとえば、「認知症カフェは認知症の人のためのカフェではありません。家族のためのカフェでもありません。認知症の人も家族も地域の人も対象にした場であり、認知症になっても暮らしやすい地域をつくるための拠点となるカフェです」などと説明してみてください。

Q5 保健所への届け出や感染症対策について教えてください

　営利を目的としない認知症カフェでは、保健所などへの届け出は必要ないという考え方が一般的ですが、都道府県や市町村によって異なる場合があるので確認してください。届け出が必要ない場合であっても、飲食物を扱うことがあるため、食品衛生責任者に準ずる役割の人を定め、下記のチェックポイントを参考に衛生管理を行いましょう。

■ 衛生管理のチェックポイント

基本	□ 衛生管理責任者を決める □ 責任者は運営スタッフの健康や身だしなみを確認する □ 手洗いを怠らない。テーブルを消毒する □ 長時間（2時間以上）放置した食品などを用いない
設備関係	□ 厨房の床が掃除しやすく、水はけがよい □ 天井や壁、床が清潔である □ トイレの清掃状況を定期的にチェックする □ トイレには消毒液やせっけんを置く
食品等の保管	□ 賞味期限、消費期限や購入先レシートを管理する □ 食品は清潔な冷暗所で保管する □ 温度管理が必要な食品は、清潔な冷蔵庫で保管する
その他	□ まな板や包丁を使用する際は、使用前後に殺菌消毒をする □ 食器は洗浄し、乾いた清潔な布巾等で水分をふき取る □ 食器や調理器具の清潔を確認する □ お菓子や飲み物の管理方法を確認する（賞味期限など） □ 調理したものを提供する場合は、加熱したものに限定する □ ゴミ箱はふた付き、またはそれに準ずるものとする

　調理業者が調理し、飲食物等を有償で提供する場合には、食品衛生責任者を定め、営業許可を得る必要があります。届け出の方法などについては、市町村や圏域によって異なりますので確認が必要です。また、市町村の補助金を活用して開催する場合や委託事業として開催する場合は、契約や取り決め等により衛生管理の要件が異なることがあるので確認が必要です。

感染症が流行するなかで継続や再開をするにはどうしたらよいですか

　新型コロナウイルス感染症の拡大によって人が集まることが制限され、地域の通いの場や交流の場は急激に縮小しました。認知症カフェも大きな影響を受け、活動を自粛していたところも多くありました。感染症の流行下での認知症カフェの継続・再開については、介護保険施設・事業所や病院で開催している場合はなかなかむずかしい状況があります。入居者や利用者が生活しているためです。飲食店や個人宅で開催しているところも同様です。その他、専門職だけで運営しているところも、多くの場合は法人の方針により再開できませんでした。

　一方で、地域の公民館や自治会館などで開催しているところ、さらに地域住民が運営スタッフに加わっているところは、早い時期に再開しました。地域のことをよく知る住民が運営に携わることで開催の条件や再開の時期について具体的に検討することができます。地域住民の納得が得られなければ、仮に再開したとしてもだれも来ないでしょう。また、会場を高齢者施設や病院から地域の施設に変えて再開するところもありました。

　感染症が流行しているなかで開催する場合には、マスクの着用、消毒の徹底、換気をして空気の流れをつくること、使い捨ての紙コップの利用、個包装のお菓子、ある程度の距離を保つ座席配置、名簿の作成などの工夫が必要です。

　感染症の拡大時には、どうしても休止せざるを得ない場合があります。休止している間は、手紙での連絡や個別訪問、お便りの送付による連絡と情報提供、オンライン開催などにより、来場者とのつながりを維持するとよいでしょう。

> **コラム9● オンラインで開催する認知症カフェ**
> 私たちは、コロナ禍を機にオンラインでの開催をスタートしました。講話とディスカッションが主な内容です。はじめての参加者がひとりぼっちにならないように、ていねいに声をかけるように留意します。講話のあと、少人数のグループで対話をします。「①一人が長くしゃべりすぎないようにお願いします」「②相手のお話を安易に否定・非難せず、大切な話を大切な気持ちで聴いてください」「③ここで聴いた話はここに置いていってください」というルールを説明することで、だれもが語りやすい、安全な場になります。そして、毎回、始まる前と終了後の10分ほど、実行委員で打ち合わせと振り返りを行います。次回のお知らせはFacebookに投稿し、終了後に内容を載せ、「どなたでも参加できます」と毎回アナウンスしています。
> 　　　　　　　　　　　　　　　　　北田千恵（にじいろカフェ（オンライン夜カフェ）／和歌山県和歌山市）

2 運営方法について

Q7 月に何回、開催したらよいですか

「毎月、第１土曜日の13時から」など、月に１回、同じ曜日の同じ時間に行うことが望ましいです。そうすることで、地域の中でなじみの場所になっていく可能性が広がります。中山間地域など、交通の不便な地域では、複数の場所で行う「移動式認知症カフェ」や「出張認知症カフェ」なども検討してみましょう。

「もっと開催してほしい」と地域の人や常連の人から要望が出る可能性もあります。それは認知症カフェの居心地がとてもよく、その人にとっての「居場所」となっているからかもしれません。しかし、認知症カフェは「居場所」とは少し異なります。認知症カフェは、私たちが暮らす地域そのものが、認知症になっても居心地のよい地域になること、また私たちの家庭や家族関係が居心地のよいものであり続けることをめざし、それを実現するために人とつながったり、情報を得たりする場所です。これを短期間で実現するのはむずかしいので、回数を増やすより、長く継続することを優先して考えていきましょう。

日本では、開催頻度を増やしたことにより、運営側に無理が生じて閉鎖してしまった認知症カフェもありますが、30年近く継続しているオランダでは、一般的には、年間10回を目安に認知症カフェが開催されています。頻度を増やすということは、運営費用も人手もかかることになり、大きな負担になる可能性があります。あまり無理をせず、運営する人の生活や仕事に影響を及ぼさないような配慮も必要です。

費用や人手の条件がそろっていれば、回数を増やすことも可能でしょう。しかし、地域全体の認知症のイメージを変えるためには時間を要します。繰り返しになりますが、10年後、20年後も認知症カフェが継続することを考え、まずは定期的に開催され、地域に定着することを優先しましょう。

Q8 何曜日の何時頃に開催するのがよいですか

　平日の昼間に開催する場合は、来場者は健康な高齢者を中心とした地域住民になる傾向があります。この時間帯は、子どもや就労している人は、学校や仕事があり、ほぼ不在だからです。また、認知症の人や要介護認定を受けている人は、デイサービスなどを利用していることが多いため、来場がむずかしくなる傾向があります。

　認知症カフェは、地域全体の認知症のイメージを変え、地域の中でのサポートを増やしていくことをめざしているため、多くの人が参加しやすいことが大切です。そのために、入りやすく語りやすいオープンな環境づくりを工夫します。オランダには、元々夜にカフェの時間をとる習慣があり、仕事が終わるのも夕食の時間も早く、外は21時頃まで明るいという生活習慣や環境があります。したがって、オランダのアルツハイマーカフェは、平日の夜19時スタートというのが標準的です。多くの人は仕事や学校が終わった後に、家族と一緒に来場します。

　日本の場合、認知症の人や家族、地域住民が来場しやすいのは、おそらく土曜日か日曜日ではないでしょうか。ただし、週末ですと、専門職は参加しにくいという難点があります。土日に開催する場合には、地域包括支援センターの職員が総出で運営するのではなく、地域の介護保険事業所、専門職、地域の住民など、できるだけ多様な職種、属性の人に運営メンバーに加わってもらうことが必要です。土日であればデイサービスセンターに通っている認知症の人が家族と一緒に来場することも期待できます。

　地域に認知症カフェが複数ある場合は、地域の中で開催日のバランスをとることも大切です。地域の運営者同士で情報を共有し、開催する曜日が偏らないように調整しましょう。

Q9 どのような場所で開催するのがよいですか

　認知症カフェの場所の選択は重要です。はじめて来た人が入りやすく、これまで関心のなかった人に情報が届くような場所と内容を選択しましょう。

　具体的には、無料もしくは手頃な価格で使用できる場所を探すとよいでしょう。地域のカフェやレストランは望ましい場所ではありますが、使用料金と店舗の都合を優先しなければならないという問題があります。介護施設等の地域交流スペース、グループホームや病院の共有スペースのような場所もよいですが、来場者の心理的なハードルを上げてしまう可能性があります。自宅で暮らす認知症の人にとっては、不安や抵抗を感じるかもしれません。また、地域の人にとっては、ふだんの生活では、あまりなじみのない場所といえます。

　開催場所の選択には地域性が大きく影響します。「居心地のよさ」の基準も、地域で異なる可能性があります。そもそもカフェやレストランがほとんどない地域もあります。いずれにしても、開かれた場所で、アクセスがよく、安全な場所を検討します。まずは地域の自治会館、コミュニティセンターなどが有力候補です。しかし、その場所はゴールではなく、いずれもっとよい場所があれば移動することも視野に入れておくとよいでしょう。

■ 場所選びのポイント

- ☐ 駐車場がある
- ☐ テーブルの移動ができる
- ☐ 音響のシステムがある
- ☐ 電気機器を使うことができる
- ☐ アクセスがよい
- ☐ キッチンがある
- ☐ 騒音がなく、落ち着いた雰囲気である
- ☐ ミニ講話などを行うことができる

コラム10 ● 大学のキャンパスで認知症カフェを始める

　若い人に認知症について知ってもらいたいという思いから、大学の人間社会学部の先生に認知症カフェについて相談しました。何度も認知症カフェの大切さを伝えたり、大学で「認知症サポーター養成講座」を開いたりと、認知症カフェの開催までに1年近くかかりましたが、縁もゆかりもない大学で認知症カフェを立ち上げることができたのは、その大切さを率直に、繰り返し伝えたからだと思います。また、先生方もスタッフとして活動してくださったこと、大学が地域開放の方針を示しWin-Winの関係を構築できたことも幸いでした。「ここがなければ大学に来ることなんてなかった」と、地域住民にとっても大切な場所になっています。

浜井秀子（さがっぱとTea Time／神奈川県相模原市）

Q10 「カフェ」と呼べるような場所が見つからない場合は、どうしたらよいですか

　「〇〇カフェ」というと、どうしても「おしゃれなコーヒーショップ」というイメージを抱きますが、認知症カフェの「カフェ」という言葉に込められた意味は少し異なります。つまり、カフェのように気軽に話ができて、つながりができる、しかも認知症に関する情報提供や情報交換がゆるやかに行われることを意図しています。おしゃれな雰囲気であることよりも、情緒的支援（つながり）と手段的支援（情報の提供と交換）が行われることが大切です。

　開催場所として、たとえばおしゃれなカフェの協力が得られたとしても、つながりを得たり情報提供が行われたりといった認知症カフェに求められる機能が発揮できていなければ、かえって周りとの壁をつくることになります。望ましいのは「開かれた場所で行われる、開かれた集まり」ですが、開かれた場所が見つからない場合は、まずは「閉ざされた場所であっても、開かれた集まり」をめざしましょう。いずれにしても開かれた集まりであることが大切なのです。

　開かれた場所とは、たとえば公園や広場のような特定の人に所有権がなく、自由な会話が交わされる場所です。予約や申し込みもなく、だれでも入ることができて、名乗る必要もありません。実際には、利用に際して、来場者の申し込みが必要な会場もあるかもしれません。しかし、いずれは「地域に開かれた場所」をめざしましょう。それによって地域全体が変わっていくことになるからです。認知症カフェは、公民館で座布団に座って、湯飲みでお茶を飲み、漬物を食べながら…、という環境でもよいのです。ただし、そこで展開する内容は、「認知症カフェ」であることを意識し続けましょう。

コラム11 ● コーヒーチェーン店で認知症カフェを始める

認知症地域支援推進員として仕事をするなかで、地域のコーヒーチェーンS店の店長さん（すでに他市町村では認知症カフェを開催）とつながりました。当初は、「RUN伴」を開催する際の協力を想定していましたが、打ち合わせのなかで信頼関係を築くことができ、店長さんから「認知症カフェを開催したい」と声をかけていただきました。現在は、内容を検討しながら開催しているところです。店長さん以外のスタッフさんにも積極的に参加してもらっています。

山内加奈江（EVERY CAFE（エブリィカフェ）／三重県四日市市）

第4章　Q&Aでわかる認知症カフェの運営と継続

2　運営方法について　　113

Q11 どのような体制で運営したらよいですか

　認知症カフェの継続を考えた場合、熱意のある特定の人、特定の法人や施設・事業所による運営体制は、必ずしも望ましいとはいえません。熱意のある人がいなくなったり、法人の方針が変わったりすると継続がむずかしくなってしまうからです。一方で、複数の法人や施設・事業所、民生委員・児童委員、町内会などの人が運営に携わり、複数の人で支え合う体制の場合は、何か問題が起きた場合にリスク分散ができるほか、広く地域住民や認知症の人、家族にも声かけができるというメリットがあります。

　「認知症カフェを始めよう」と最初に声を上げる人は、おそらく一人か二人の専門職でしょう。企画段階から地域の人もかかわっていることが理想ですが、最初は小さく始め、回を重ねるごとに協力者の輪を広げ、育てていくという考え方でもよいと思います。認知症カフェは、特定の人や団体の所有物ではなく、地域の共有の財産です。つまり、ともに育てていくプロセスが大切です。専門職や行政担当者に「いつか地域の人だけで運営してもらおう」という意識がある場合は、改めなければなりません。地域の人に運営会議のメンバーに入ってもらい、役割分担をして、問題を一緒に解決する機会を設けることが大切です。ともすれば地域の人は「お客さん」になってしまいがちですが、専門職であるかないか、介護経験があるかないか、認知症であるかないかにかかわらず「同じ立場」で運営にかかわることができるような配慮が必要です。

コラム12 ● 認知症カフェの運営における多職種連携

多職種連携で認知症カフェを運営していくためには、同じ目的をもつこと、お互いがwin-winの関係になれることが大切です。私たちのカフェでは、無料で出入りしやすく、交通の手段がなくても行くことができる場所と考え、デマンドタクシーと温泉施設がある地域の活動センター・自治会に相談。「デマンドタクシーと温泉の利用増になる」と、快諾をいただきました。地域のNPO法人、介護事業所、民生委員、行政、社協等に声をかけ、まず勉強会を行い「人集めよりも一人でも多く認知症を理解」「だれでも来られてだれとでもつながれる、来てよかったと思える場所づくり」を目的に開催に至りました。開催日・ミニ講話の内容・講師は全員で決定し、チラシ作成は地域包括支援センター、印刷と全戸配布は自治会など役割分担を行い、それぞれが当事者意識をもってかかわれるようにしています。

坂東真由美（長沼ゆったりカフェ／山形県鶴岡市）

Q12 参加費はいくらがよいですか

　参加費は、来場者の人数や開催コストによるところが大きく、むずかしい問題です。しばらく継続していると、おおよその人数を予測できるようになるので、採算をとれる方法や金額に変えていくということでもよいでしょう。常にある程度の人数が見込める場合には、「協力金制」で運営する方法もあります。大切なのは、赤字にならないように、無理のない金額を設定することです。認知症カフェの継続のためには、①会場費用は抑えること、②基本的にボランティアで運営することがポイントです。多くのボランティアにかかわってもらうためには、運営上、負担感が少なく、満足感が得られるように工夫する必要があります。拘束時間を減らし、運営者も楽しかったと思える雰囲気づくりが継続につながります。

　2016年と2022年に実施した全国調査※では、いずれも参加費は「100円」が59％という結果でした。なかには「1000円」というところもありましたが、それは作品づくりをしたり、ケーキを提供したりしているケースでした。認知症カフェを開かれた場所にするためには、それぞれの地域において、だれでも無理なく継続的に払うことのできる金額が望ましいといえます。

※認知症介護研究・研修仙台センター「認知症カフェの実態に関する調査研究事業報告書」2017年、および「認知症カフェの類型と効果に関する調査研究報告書」2023年

■ 参加費と留意点

100～300円程度	おそらくもっとも多い価格帯。コーヒーなどの飲み物と簡単なお茶菓子がつく場合が多い。メリットは安価であること。デメリットは、会場費用を賄うことはむずかしいため、コミュニティセンターや介護施設などでの開催にとどまること。また、この金額であっても払えない人もいる。
500円以上	制作をしたり、ケーキなどを提供したりするところが多い。メリットは、実際のカフェなどを借りて行うことができること、デメリットは費用が高く、だれもが来られるとは限らないこと。
無料	補助金や助成金、社会福祉法人などの地域貢献事業で実施する場合。メリットは無料なので来場しやすいこと。デメリットは、補助金や助成金、法人の方針などに変更があれば経営がむずかしくなり、運営も主体性が失われやすいこと。
飲食物のみ有料	原則、応益負担とした場合。メリットは、システムのわかりやすさ。デメリットは、払えない人は差を感じること、飲み物などをどのくらい準備すればよいか予測できないこと。
協力金	来た人に「協力金」として寄付をお願いする方法。メリットは、自分が払える額を払うので来場しやすい。デメリットは、最初はどの程度集まるか予測できず、採算がとれるかわからないこと。

2　運営方法について　　115

Q13 初期費用や補助金について教えてください

　認知症カフェを継続するうえで、運営資金は心配なところです。認知症カフェは、営利目的のカフェではありません。したがって「儲け」を出す必要はありませんが、赤字になってしまった分を主催者が負担して運営するのは、継続性からすると好ましくありません。

　補助金や助成金の制度を設けている自治体もあります。たとえば、目的や内容、開催の規模などの一定の基準を設けて、1回の開催につき定額を補助する運営費の補助や、開催時に限り、必要な備品等を整備するための補助金を設けているところもあります。認知症カフェが100か所以上あるような人口規模の大きな自治体では、金銭的な補助を設けることがむずかしいため、自治体は普及啓発や研修会などの後方支援を行っているケースが多い傾向にあります。認知症カフェは、認知症施策の1つでもあるので、自治体の担当者と話し合い、周知の方法を一緒に考えていきましょう。自治体の広報、地元の新聞やテレビによる告知、リーフレットやのぼり旗の作成など、さまざまな方法を検討しましょう。

　下記は初期費用として考えておかなければならない経費です。基本的にはボランティアで運営されるので、人件費はかかりません。毎回の運営には、会場費（必要な場合）のほか、飲み物やお菓子代などが必要です。毎回の補助金がない場合は、参加費で賄えるように設定することになります。

■ 主な経費

	内容	必要性
会場賃借料	会場使用料	△：無料で利用できる場所があれば必要ありません
旅費	ボランティアや講師への旅費	△：ボランティアなので発生しないことも多いです
食糧費	飲み物やお菓子など	◎：必ず必要
消耗品費	文具や印刷・製本費	◎：必ず必要
謝金	講師謝金など	△：関係者で対応できれば必ずしも必要ありません
備品購入費	コーヒーメーカー、カップ、スプーンなど	◎：必ず必要
保険料	ボランティア保険	△：必ずしも必要ありません
雑費	切手・はがき代、広告料など	△：必ずしも必要ありません

必要な物品について教えてください

　カフェタイムがあり、ミニ講話や情報提供を行う認知症カフェについて、事前に準備が必要な物品は表のとおりです。

　認知症カフェは、認知症について語り合う「対話」がベースにあり、対話を通して認知症や老いについて理解し、共生社会をつくっていくという目的があります。そのため、すべての人を受け入れ、話しやすく、人とつながり、情報が得られる場所となることが大切です。飲食やレクリエーションが主たる目的ではありません。必要な物品を準備する際にも、改めて目的を確認し、目的を達成するために必要なものを準備していきましょう。

■ 必要な物品

必ず必要なもの	看板や案内板、プログラム、次回の案内やチラシ
飲食のために必要なもの	コーヒーメーカー、コーヒーや紅茶、コーヒーカップ、スプーン、砂糖・クリーム、お菓子、お皿、食器布巾、食器用洗剤、消毒液
対話を生む環境づくりに必要なもの	テーブルクロス、テーブルナンバー、花などの装飾品、メモ帳
講話に必要なもの	マイク、スピーカー、プロジェクター
情報提供に必要なもの	認知症の理解を深めることに役立つ冊子、リーフレット、介護保険サービスを紹介する冊子、認知症ケアパス、認知症の人や介護者の著書
スタッフのために必要なもの	名札、スケジュール、エプロン
衛生環境のために必要なもの	ゴミ箱、ゴミ袋、手袋、消毒液

事前・事後のミーティングでは、どのような話をしたらよいですか

● 事前ミーティング

　事前ミーティングは、どのような人が何人くらい来てくれるのかと、期待と不安が入り混じる時間かもしれません。しかし、企画・運営者がもっとも落ち着いて話ができる時間ですので、事前に伝えなければならないことはここで忘れずに伝えましょう。

■ 事前ミーティングの内容

- ・新しく運営に加わるメンバーの紹介
- ・来場予定者や団体の情報共有
- ・ミニ講話のゲストの情報共有
  （ゲストがいる場合）
- ・前回の反省点から改善することがあれば、その情報共有
- ・役割の確認
- ・衛生面などの確認

● 事後ミーティング

　事後ミーティングは、毎回の認知症カフェについて振り返り、情報を正しく共有し、運営者同士のつながりを強めるために大切な時間です。認知症カフェは、ボランティアが運営していることが多く、それぞれの予定があるため、毎回、長時間拘束されることは負担感につながります。その日に必要な内容を整理して効率よく進め、それ以外は、コアメンバー会議にて再度、話し合うようにしましょう。

■ 事後ミーティングの内容

- ・今回の大きな問題点や課題点
- ・謝金などがあればその精算
- ・コアメンバー会議の日程調整
- ・次回までの役割分担
- ・次回の日程と内容

● コアメンバー会議

　コアメンバー会議（運営スタッフ会議）は、企画・運営の主要なメンバーで構成されます。認知症カフェ当日の事後ミーティングで出された意見を、次回の認知症カフェで確実に改善し、実行に移すために行う会議です。次回までに準備すべき物品、チラシ、今後のミニ講話の講師との打ち合わせなどの実務的な役割分担を含めた確認を行います。月に1回開催し、時間は1時間程度あれば十分です。

Q16 効果的なチラシのつくり方を教えてください

　認知症カフェは、できるだけ多くの人に関心をもってもらうことが大切です。しかし、その名称のイメージもあって、「認知症ではないから関係ない」「サロンのようなところには関心はない」と思う人もいれば、「認知症予防のために来た」という人もいます。つまり、チラシをつくる際には、認知症カフェのことをよく知らない人、誤解をしている人、関心がない人に認知症カフェの目的を正しく伝え、思わず足を運びたくなるような工夫が必要です。

● シンプルに

　チラシに余白ができると、つい文字やイラストを入れたくなります。しかし実際には、余白の有無がそのチラシを手に取ってもらえるかどうかを大きく左右します。特に、チラシの上部の情報を減らし、手にした人が、もっとも大事な「日時」「場所」「時間」の情報に確実にたどりつけることが重要です。人の行動変容をうながす「ナッジ理論」によると、チラシの上部の説明（認知症カフェの説明）は14文字以内がよいともいわれています。

● 内容の魅力を表現する

　チラシのデザインを魅力的にすることも大切ですが、認知症カフェの魅力を伝えることはさらに大切です。そのためには、認知症カフェで何をどのように行うのかという流れがわかるようにします。時間配分を図示したり、文字で説明したりしましょう。何が行われるのかわからなければ、はじめての人は不安が募るばかりです。

　人が「これまでの生活」を変えるためには、相当な動機が必要です。そのためには、すでに参加した人の「参加してよかった」という声は行動に移すきっかけになります。チラシには、「来場者の声」「来場者数などの数字で表せること」「認知症カフェで得られること」のいずれかを掲載すると効果的です。この点を確認しながら、定期的にリニューアルしていきましょう。

3 プログラムや流れについて

Q17 認知症カフェの「構造化」とは何ですか。なぜ必要なのですか

　認知症カフェは、認知症の人、家族、地域住民、そして専門職が参加することが特徴です。すべての来場者が「来てよかった」と思える内容にするためには、すべての人が何か得られるプログラムをつくる必要があります。そのために構造化があります。

　日本では、認知症カフェの運営方法や構造が明確に示されてきませんでした。自由な発想と多様性を育むうえで大切なことでもありますが、迷いや混乱をもたらす側面もあります。結果として、認知症予防の集まりになっていたり、サロンとの違いがわからなくなっていたり、本人と家族だけの集まりになっていて地域への広がりがなかったり、一部の「常連さん」の集まりになっていたりという状況があります。認知症カフェの目的を達成するためには、基本的な構造をもつことが大切です。その参考になるのが、オランダのアルツハイマーカフェです。

　オランダでは、「2時間・5部構成」が基本となっています。この基本構造を守らなければアルツハイマーカフェとは認められません。つまり、構造をもっとも大切にしているのです。具体的には、おおよそ30分ごとに「カフェタイム」→「ミニ講話」→「カフェタイム」→「ディスカッション（Q&A）」→「クロージング（自由解散）」という構造になっています。さらに年間10回のミニ講話のテーマは、半年前には決まります。この構造が20年以上安定して続いていることが、認知症カフェを運営できている理由なのかもしれません。

　日本でも、オランダのアルツハイマーカフェの構造を参考にしている認知症カフェは多くあります。その基本構造を押さえつつ、地域の実情や会場や参加者の実情に合わせてアレンジしていくことが望ましい方法であると考えています。

　認知症カフェを構造化することで、だれが運営を担っても一定の水準で運営を継続することができ、来場者の安心感につながります。また、認知症カフェの目的が明確になり、他の活動との違いがわかりやすくなることで、継続への道筋をつくることになります。

Q18 「情報提供」はどのようにしたらよいですか

　情報提供の1つの方法として「ミニ講話」があります。ミニ講話は認知症カフェの柱ともいえるもので、認知症カフェの存在意義を高めていくためにとても重要です。全体の時間を考えれば、「30分程度のミニ講話」を設定し、情報提供を行うことが、全員に伝わる方法として最適だと考えられます。

　研修会のように情報を一方的に伝える方法は、「カフェ」という雰囲気からかけ離れ、堅苦しくなってしまいます。立ち上がってパソコンやスクリーンを使って話すのではなく、いすに座り、パソコンを使わずに話をしてみてください。それだけで雰囲気は変わります。また、オランダで行われているように30分以内で行うとより効果的でしょう。それは、認知症の人にとって注意が散漫にならないための配慮でもあります。「ミニ講話」の内容は、何度も認知症カフェに通い、講話を聞くことで浸み込むように伝わっていくことが大切です。その点がいわゆる研修会との大きな違いではないでしょうか。

　情報提供は、ミニ講話ではなく、冊子やリーフレットの紹介などの方法でもよいと思います。ただし、単に「情報コーナー」を設けて、冊子やリーフレット、その地域の情報を置いておくだけではだれも手に取らないので、専門職が直接、説明をしながら渡すようにしましょう。「情報コーナー」を設置することで、来場者が移動したり席を立ったりするきっかけにもなり、認知症カフェの動きと流れをつくることの助けにもなります。

コラム13 ● ミニ講話のテーマの決め方

　ミニ講話のテーマは、企画・運営者(モデレーター)を中心として、法人内の在宅および地域密着部門のスタッフをコアメンバーとして大枠を決めています。事務所、入所、通所、居宅等の各部署や認知症介護指導者、地域包括支援センターとも連携し、月ごとに担当を割り当て、年間計画を立てています。他分野との連携があるのでさまざまなテーマ設定が可能になります。ミニ講話のテーマは、それぞれの専門分野のトピックで、毎年ほぼ同じ月担当・同じテーマで行います。共通認識として、認知症・介護・地域生活などに関連する内容について、ゆるやかに学べる情報を提供し、来場者との対話を生むきっかけになるようにしています。テーマをお知らせするリーフレットは4か月毎に作成し、配布しています。

今田絵理子・松本玲子（にじいろカフェたるみ／香川県丸亀市）

「情報コーナー」にはどのような工夫が必要ですか

● 情報を見つけやすくする

　認知症カフェの機能の1つに、認知症や介護に関する情報が得られるということがあります。したがって、それらの情報が載っているチラシやパンフレット、書籍などをわかりやすい場所に置くことが大切です。認知症カフェでは、座っている場面が多いため、情報コーナーを見つけづらくなる傾向があります。

　オランダのアルツハイマーカフェでは、「情報コーナー」はとても大切にされています。その場所には必ず、赤や黄色のテーブルクロスが掛けられ、会場でもっとも目立つようになっています。

　来場者と同じ目線になるために、テーブルに座ってみるとよいでしょう。スタッフとして立っていることが多いと気がつかないのですが、実は、テーブルに座っていると、情報コーナーの場所がまったく見えないということもあります。トイレや情報コーナー、飲み物を取りに行く場所などを示した案内図を各テーブルに置いておくと、来場者も安心できます。

● 内容の理解を助ける

　情報コーナーで書籍やリーフレットを見てもらった後、実際に手にとってもらうためには、さらに工夫が必要です。たとえば、仕掛けの1つとして、書店などで見かけるポップ広告があります。「いま話題の本。この物語の結末は最後までわからない！」「人生を変える一冊に出会いました！」などのポップは、店の売り上げを左右するほどの効果があるそうです。認知症に関する書籍やパンフレットでは、「認知症の病気についてわかる」「介護保険についてわかる」「認知症の本人の気持ちを理解する」など一目で内容がわかるようなポップを考えてみましょう。

　書籍は貸し出しができるようにするのもおすすめです。貸出記録簿をつくり、希望者には貸出可能にすると、再来や継続につながります。

「ミニ講話」の内容について気をつけることはありますか

　「ミニ講話」は、認知症カフェの柱の1つです。テーマは、できれば半年先くらいまで決めておくとよいでしょう。そうすれば、来場者は自分の関心に応じて来ることもできます。認知症カフェがどのような場所なのかわからずに来る人も多いので、堅苦しくないテーマを設定することと、テーマを見ただけで話の内容をイメージできる工夫が大切です。

　たとえば、「認知症について」ではかたく、抽象的な印象を与えますが、「医師から学ぶ認知症のやさしい話」とすると、少しわかりやすくなります。このように、だれがどのような話をするのかを具体的に示すことで、より関心をもってもらえるのではないでしょうか。また、同じ認知症の話でも、医師がするのと、ケアマネジャーがするのとでは視点が異なりますので、だれが講師を務めるのかによってさまざまな展開が考えられます。認知症カフェにかかわる専門職が多様であれば、さまざまなテーマ設定が可能になるともいえます。

　ミニ講話で気をつけたいことは、むずかしいテーマであっても「日常的な話」にすることです。たとえば、記憶障害について「記憶とは、記銘、保持、想起の三段階で成り立ち、そのいずれか、もしくはすべての障害の総称である…」などという説明をしても、聞いた人の役に立つとは思えませんし、認知症の人や家族が前向きになれるとも思えません。ここでは、「記憶の障害があってもうまく生活できる工夫をしましょう。たとえば、大切だと思うことはメモを取りましょう。そして、過去よりもこれからのことを考えるようにしましょう。お昼に何を食べたのかを忘れてもあまり問題はありません。次に何を食べたいかを考えましょう」などと提案するほうが前向きにとらえることができます。

　講話のはじめに基本的な知識を説明するのはよいですが、最後には、必ずこれからの希望につながる内容や事例を加えるようにしましょう。もっとも大切なことは、認知症の人が聞いても納得できる内容であるかどうかです。

3　プログラムや流れについて　　123

Q21 「カフェタイム」の目的は何ですか

　デイサービスやサロンの運営の経験があると、つい「盛り上げよう」「全員に楽しんでもらおう」と考えて、さまざまなアクティビティを隙間なく入れてしまうかもしれません。しかし、認知症カフェには、悩みを相談したいと思っている人もいれば、歌やレクリエーションを好まない人もいます。認知症の人のなかには集団のプログラムになじまない人もいるでしょう。さまざまな人がいる認知症カフェにおいて、企画・運営者が大切にしなければならないことは、それぞれのニーズが満たされるような工夫と配慮です。

　その工夫の1つがカフェタイムです。ゆっくりと話す時間を演出するためにはBGMが効果的です。また、それぞれが話しやすい机の配置となるように配慮します。全員で輪になって向かい合わせに配置するのではなく、個別の話ができるような配置を考えてみましょう。さらに、ピア・サポートを必要とする人には、同じ境遇の人と話ができるように席を案内し、互いを紹介する、相談が必要な人には専門職と同席にする、地域の人との出会いが必要な人には常連さんや民生委員との同席をうながすなどの工夫や配慮を行います。企画・運営者には、これらのつながりと支援の環境をさりげなくコーディネートする役割があります。

　認知症カフェの主役は、対話と学びであり、新たな人との出会いとつながりをつくる場です。したがって、飲み物やお菓子はシンプルなものを用意します。来場者の会話や再来をうながすための道具の1つと考えましょう。

コラム14 ● 哲学カフェとは

「哲学カフェ」は1992年にフランスのカフェで自然発生的に始まりました。飲み物を片手に、決められたテーマについて気軽な雰囲気で対話する場所です。「感じたことは何を話してもよい」「話に耳を傾ける」「人の話を否定しない」「話したくなければ話さなくてもよい」「答えを求めない」などがよくあるルールのようです。ルールを守ることができれば、だれでも参加できます。私たちの哲学カフェでは、参加者の属性を意識しません。「参加者はみんな哲学者であり、哲学者は知ることを求める（愛する）人であり、哲学者同士は友人であり、対等である」からです。もちろん認知症の人も一参加者であり、特段の配慮はありません。テーマは「後悔」「不安」「学ぶ」など、一律の答えを求めないものなので認知症の人も対話を楽しむことができます。対話を通じて相互理解を深めるのは、認知症カフェと同様です。

中村勝利（哲学カフェ、なないろカフェ／大阪府箕面市）

4 運営方法の改善

Q22 地域の人に運営にかかわってもらうには、どうしたらよいですか

● **まずは認知症カフェについて理解してもらう**

　地域の人は、認知症カフェについて「よくわからない」という状況なので、事前に高齢者サロンやデイサービスなどとの違いを十分に理解してもらうことが大切です。事前に説明する機会がもてない場合は、認知症カフェを運営しながらていねいに伝えていきましょう。

　認知症カフェの運営だけを考えれば、地域の人はお手伝い程度のかかわりでよいかもしれません。しかし、認知症カフェを地域の共有の財産と感じてもらうためには、専門職も一地域住民として対等な関係で運営に携わることが必要です。地域の人のなかにはお客さんとしての参加を望んでいて、「何か手伝わされるのではないか」と懐疑的な人もいるかもしれません。一方で、主催者も「ゆくゆくは運営を任せたい」という思いでかかわっている可能性があります。認知症カフェがオープンな場所であるためには、どちらかが途中で身を引くのではなく、専門職も地域住民も、共同運営で続けるという意識でスタートする必要があります。

● **さまざまなルールをみんなで決める**

　オープンな場所とは、だれでも入ることができて、とどまることを拒まれない場のことです。そのような公共性のある空間では、だれもが同じ立場で集い、そこで育まれる「ふるまいのルール」（マナーのようなもの）に従っていくことになります。したがってふるまいのルールを確認する運営スタッフ会議には、地域の人も参加していることが前提になります。

　コアメンバーによる運営スタッフ会議は、認知症カフェが開催される日とは別の日程で、少なくとも3か月に1回（可能であれば毎月）開催しましょう。地域のことは、地域に暮らす人がいちばんよく知っています。会議への参加について声をかけるときには、「協力してください」ではなく「相談したいので」「お話をしたいので」ともちかけましょう。会議では、運営の課題と解決方法、ミニ講話のテーマが主要な目的・内容になります。

ミニ講話の講師を招く予算がありません。どうしたらよいですか

　認知症カフェで行われるミニ講話は、学校や研修での学びとは異なります。学校や研修では、同じ年齢や立場の人が教室で知識や技術を学び、卒業や修了があります。これをフォーマル教育といいます。一方、認知症カフェは、異なる年代の人が、地域の身近な場所で、認知症や健康などの日常生活に役立つ内容を学びに自由に集まり、卒業はありません。これをノンフォーマル教育といい、教育学においてその重要性が指摘されています。

　認知症カフェのような日常の学びは、日常生活や地域社会をよく知る人から学ぶことが「役立つ学び」につながります。運営メンバーや地域の関係者のなかには、社会福祉士、介護福祉士、ケアマネジャー、薬剤師、看護師などの専門職がいるのではないでしょうか。また、地域の町会や民生委員等の役員などは地域のことをよく知っているでしょう。地域包括支援センターの職員は地域の介護保険事業所や医療機関とのネットワークをもっているので、そうしたつながりから講師を依頼することもできます。

　講話のテーマは、それぞれの専門性から認知症について語ってもらうこともよいでしょう。また、「認知症ケアパス」はとてもよい教科書になります。講師は、外部から招く場合も、運営メンバーが行う場合も、認知症カフェの目的をふまえ、謝金は最小限に抑え、地域づくりのために協力をお願いしましょう。企画・運営者には、協力してくれる仲間に対して、新たな運営メンバーとして勧誘するという大事な役割もあります。

コラム15 ● 認知症カフェを学びの場とするために

認知症カフェをより充実した学びの場にするために、ミニ講話のテーマの設定は重要です。「くるま乃カフェまなびや」では、毎回ゲストによるミニ講話を行っていますが、講話後のディスカッションも企画中です。地域住民の方々が多く参加するため、参加者と経験や疑問を共有し合う機会をつくることをめざしています。ミニ講話のゲストとして医師や認知症介護指導者を招くほか、製薬会社の協力によるVR体験や茶道の先生によるお茶会など、多彩なテーマを企画しています。ゲストには、認知症カフェの趣旨にご賛同いただき、無償でご協力いただいています。また、遠方や身体の不自由な人でも参加できるよう、ミニ講話のライブ配信を試験的に実施中です。

相馬房嘉（くるま乃カフェまなびや／新潟県新発田市）

Q24 会場からあふれるほど人が集まります。どうしたらよいですか

　会場の広さに対してあまりにも来場者が多いと、居心地が悪くなります。ある認知症カフェでは、人が多すぎて冷房が効かず、うちわであおぎながら汗だくになって話しているという状況もありました。それでも、毎回、たくさんの人が集まる理由は、その認知症カフェには人をひきつける魅力があるということなのでしょう。

　その認知症カフェは、当初は半分くらいの人数だったのですが、回を重ねるごとに人が増え、自治会館の一部屋で開催していたのを、ふすまを外して2部屋に拡大し、さらに廊下まで座布団やいすを置いて拡大していきました。場所を変えるという選択もあったのですが、「この場所だから人が集まる」という判断をしたようです。

　一方で、場所を変えるという選択肢をもっておくことも大切です。たとえば、感染症などが流行した場合には感染のリスクが高まり、継続がむずかしくなります。企画・運営者は、現在の場所がもしも使えなくなったらどうするか、ということを常に頭の片隅に置き、想定しておくことが大切です。

　ある認知症カフェは、いすがたりないくらいに多くの人が集まることもあれば、その半分くらいのときもあります。開催時期やそのときの「ミニ講話」のテーマによっても人数は異なります。来場者が多いときは、各テーブルに入る専門職スタッフは座らず、相談コーナーだけに座るようにします。人によっては「ミニ講話」だけ聴いて帰るという人もいます。認知症カフェは出入りが自由で流動的です。これが開放感を高めます。

　人が集まりすぎる場合には、一度、どこから来ていてどのようなニーズがあるのかを聞いて整理しておくとよいでしょう。あまりにも人が多いと、ニーズに応えきれなくなるので、専門職と話したい人は、優先的にその時間をとるようにするとよいでしょう。

第4章　Q&Aでわかる認知症カフェの運営と継続

4　運営方法の改善

5 多くの人に来てもらうための工夫

Q25 地域の人に来てもらうにはどうしたらよいですか

　まずは関心をもってもらうために、そこで何が行われるのか、何が得られるのか、来てほしい理由を添えて、チラシを渡してみてください。すでに認知症カフェに来ている人に、参加のきっかけを聞いておくと、その地域での効果的な声のかけ方が見えてくるかもしれません（Q16参照）。

　一人で来る人は、何か悩みを抱えていたり、心配事がある人が多い傾向があります。そのような人には、しっかりと相談に乗れるように専門職が対応します。二人以上で来る人は友だちに誘われてくるケースが多く見受けられます。だれと友だちなのか、だれに誘われて来たのかを聞いておくと、新たなつながりが生まれます。

　「行ってみようかな」という準備期にある人には、当日の約束をしたり、事前に連絡するなどのひと工夫が必要です。何か不安要素がある場合には、事前に聞き、解決しておくことで参加につながりやすくなるでしょう。

　継続して来てもらうためにもっとも大切なことは、帰り際に「次回も待っていますね」と約束を交わすことです。約束をすることで、次回も来る理由が生まれます。これはもっとも効果的な方法です。

　もちろんプログラムのバランスも重要です。多様なプログラムになっているかを確認してみましょう。また、さまざまな世代の人が来場しやすいように、たとえば、土曜日や日曜日に開催することなども検討してみましょう。参加に向けて一歩前進したら「来てくれてうれしい」「待っていました」という気持ちを言葉で伝えることを心がけましょう。

コラム16 ● 地域の人に周知するための工夫

地域住民への周知は、「LINE公式アカウント」とQRコード付きのチラシを活用しています。LINE公式アカウントでは、認知症カフェの予定やビデオメッセージを定期的に案内しています。自治会の回覧板や公民館へ出向くカフェ等では、QRコード付きチラシを配布しています。発信の際は、「発信したいこと、参加者が聞きたいこと、地域にとって有用なこと」を満たす内容を心がけています。ミニ講話のテーマやカフェの雰囲気に興味がなければ、いくら広報しても参加者増は望めないからです。「また来たい」「あの人に会いたい」「あの人に聞いてほしい」といった「口コミ」がもっとも重要だと感じています。

和田泰子（楽笑カフェ／兵庫県姫路市）

Q26 交通の便の悪い中山間地域で開催するにはどうしたらよいですか

　認知症カフェに来るための「移動手段」の問題は、多くの地域が抱えています。特に中山間地域は、山間の集落などもたくさんあり、役所に行くにも遠い人が多くいます。そうした地域は、高齢化率が高い傾向にあるため、送迎を検討する必要が出てきます。ただし、送迎をするということは、運営する側にとってはとても高いハードルです。交通手段としては、次のような方法も考えられます。

- デイサービスの休日に送迎車を使用して送迎を行う
- タクシー会社の協力を得て、1人100円程度で乗り合いタクシーによる送迎を行う
- 社会福祉協議会の乗り合いタクシーを利用する
- 町内のコミュニティバスを利用する
- 地域の人が申し合わせて、同乗して自家用車で来る

　地域の人たちがバスやタクシーに乗り合わせて来る場合は、企画・運営者が主導で行うものではないため、安全への配慮は十分になされなければなりません。参加者の安全を考えると、家族の協力が得られやすい土曜日や日曜日に開催することも1つの方法です。また、移動式の認知症カフェにして、地域のいくつかの場所で開催する方法や、運営が安定してきたら、認知症カフェの数を増やすことも考えていきましょう。

> **コラム17 ● 遠方の人に来てもらうための工夫**
>
> Mカフェは中心市街地から15分程度、郊外商業地や住宅エリアからは10分程度の距離にある特別養護老人ホームで開催しています。公共交通機関として路線バスはありますが、Mカフェに来るには有用ではありません。近隣の人は徒歩や自転車で来場しますが、知人同士で車で来る人も多く見られます。チームオレンジM'sが発足してからは、チームメンバーが送迎支援を行っていますが、多数の送迎希望がある場合は施設の車両で、運営スタッフが送迎を行います。だれもが参加できる敷居の低い「オープンな場」であるために、送迎は参加してもらうための1つの方法だと考えます。
>
> 今野繁昭・熊澤則子（Mカフェ／山形県天童市）

第4章　Q&Aでわかる認知症カフェの運営と継続

5　多くの人に来てもらうための工夫　　129

認知症の人に来てもらうには
どうしたらよいですか

　一般に認知症は、社会生活上の問題が生じることで診断されます。また、認知症の人の手記などによると、診断される何年も前から自ら異変に気づいていたという記述もあります。つまり、診断された人や明らかに症状がある人だけを「認知症の人」とすることには少し違和感があります。認知症の主たるリスク因子は加齢です。生きている限りだれでも認知症になり得るのです。生きていることの延長上に認知症があるということでもあります。認知症は目に見えるものではありません。公表するかしないかは本人の意思であり、判断です。

　認知症カフェは、「認知症と診断された人のカフェ」でも「認知症の人だけの場所」でもありません。認知症が心配な人、違和感を覚えている人、その家族、また地域で支えたいと思っている人、勉強したいと思っている人など、認知症について興味・関心がある人のための場所であり、集まりです。

　認知症について、これまでは「認知症になったら終わり」とか「私は認知症には絶対にならない」というように、どこか他人事のように話す人が多かったように思います。それは、自分事として考えられていなかったからかもしれません。認知症は、すべての人に関係することであり、認知症カフェではすべての人が水平に位置することを忘れてはなりません。

　このように考えれば、「認知症の人に来てもらう」という意識はもちつつも、それがすべてではなく、多くの地域の人が来ること、そのなかに認知症の人も含まれている状況をめざすことが大切といえます。現実的に考えれば、一人で来ることがむずかしいなど、少し症状が進行した人は、家族や一緒に来てくれる人を見つける必要もあります。

　気をつけたいのは、認知症の人を集めるために、施設やグループホームなどに声をかけて「動員」する方法です。これは本質から外れてしまいます。

Q28 認知症の人の家族に来てもらうにはどうしたらよいですか

● 家族に説明する機会をつくる

　一人で外出することがむずかしくなった人は、一人で認知症カフェに来ることも困難です。実際に、認知症カフェに来る人のほとんどは家族と一緒に来ます。したがって、認知症カフェについて家族に理解してもらうことは大切なポイントになります。家族会や町内会の集まりで、認知症カフェについて説明する機会をつくってもらえるように検討してみましょう。

● デイサービスの利用者や家族に知ってもらう

　週に2、3回デイサービスを利用している認知症の人は、デイサービスの日以外はほとんど外出しないという人も少なくありません。さらに、「デイサービスには行きたくない」と言う人もいて、家族が悩んでいることもあります。

　認知症カフェは、認知症の人が外出する機会として重要な選択肢になる可能性があります。一緒に認知症カフェに来た家族が、認知症の人がほかの人と会話を楽しむ姿やミニ講話を聴く姿に、「こんなに楽しそうにしているのは久しぶりに見た」と驚くこともあります。

● 多方面から声をかける

　地域の中には高齢者夫婦だけではなく、息子・娘世代の若い介護者、働きながら介護する人、学校に通いながら介護する人など、さまざまな世代の家族介護者がいます。したがって、多方面から声かけを行うことが効果的です。日常生活のなかでは、なかなか顔を合わせる機会はありませんが、認知症カフェでは、お互いの存在を知り、つながりができることで大きな励みになり、新たなネットワークが生まれることも期待できます。認知症サポーター養成講座、多世代が集まる地域の集まり（町内会や子ども食堂など）では、認知症カフェの存在を広く周知しましょう。ただし、その際には認知症カフェの目的を正しく伝えることが大切です。

Q29 入口と出口でのかかわりは どうしたらよいですか

● 入口での対応

　入口で流れが滞らないように工夫すると、その先もスムーズに展開します。つまり、認知症カフェの入口に立つ専門職は、とても重要な役割を担うことになります。特に認知症の人にとって、はじめての場所はとても緊張するものです。ウェルカムな雰囲気を自然につくり出すことを心がけましょう。

　はじめて来た人は、入ることに躊躇する様子が見られますので、「こんにちは。はじめてですか」と声をかけ、座席まで案内します。はじめて来た人はここでの時間の流れやどのようにふるまえばよいのかわからず、不安を感じるものです。したがって、いつも来ている人で、会話がしやすそうな人のいるテーブルへ案内するとよいでしょう。

　悩みがある人もいます。認知症カフェでは、「お飲み物でもいかがですか」と声をかけて語り出しのきっかけをつくることができます。まずは、落ち着いて飲み物を飲み、少しずつ自然に「どこでここの存在を知ったのですか」と聞いていきましょう。飲み物があることで、尋問のように質問ばかりにならずにスムーズな会話ができるはずです。

　入口で運営スタッフがかたまって話をしていると、はじめて来た人には威圧的で、壁のように感じられてしまいますので注意しましょう。

● 出口での対応

　出口での対応は、次回につながるかを決定づける大切な場面です。来てくれたことへの感謝の気持ちを伝えるとともに、次回の参加を一人ひとりと約束することによって、確実な継続につながります。約束をすることで、次回来る理由になります（Q25参照）。ただし、その約束がプレッシャーにならないように、「次回もお待ちしていますね」「また次回会えるのを楽しみにしていますね」という、さりげない約束が望ましいでしょう。次回の日程を伝えることやチラシやメモを渡すことも忘れないようにしましょう。

6 継続と発展に向けて

Q30 毎回の運営負担を軽くするにはどうしたらよいですか

　認知症カフェの当日の運営メンバーの拘束時間を短くしましょう。開催時刻の約1時間前の集合で準備ができるように役割分担を明確にしておきます。また、閉会後は30分以内に解散できることも大切です。その日の振り返りは最小限にとどめ、詳細については後日、コアメンバー会議を開いて行いましょう。顔を見合わせる機会が増えることでなじみの関係にもなりやすく、時間を置くことで、冷静な振り返りができるようになります。オンラインでの意見収集や合意、意見共有も検討していきましょう。

　ある程度スムーズに運営できるようになってきたら、当日の役割分担を見直すことも視野に入れます。負担感を減らす目的のほか、異なる役割を担うことによって効率的でスムーズな動きを考えるきっかけにもなります。特にミニ講話のファシリテーターや司会者は、固定化する傾向があります。だれでもその役割を担えるようにしておくと、不測の事態が起きても対処できます。そして、さまざまな役割を経験することにより、運営メンバーの視野が広がり、より効率的に準備や運営ができるようになります。

　運営メンバーを増やすことも大切です。運営メンバーのリクルートは、企画・運営者のもっとも重要な役割の1つです。運営メンバーに多様な専門職と複数の法人や事業所の職員が加わることで、運営の助けになります。ミニ講話の講師役を担ってもらったり、来場者の相談に対応してもらうことが期待できます。地域住民や認知症の人などにも加わってもらうことで、より認知症カフェの公共性の担保につながり、運営の負担も軽減されます。

　さらに開催頻度についても見直していきましょう。毎日、または毎週開催している認知症カフェのスタッフは、相当な負担と責任を感じているでしょう。高頻度で開催する場合は、認知症カフェの運営を専従の仕事としていない限り、継続はむずかしくなります。実際には、ボランティアでの運営になるために、月1回または年間10回程度が妥当な回数であると思います。1つの認知症カフェの開催回数を増やすのではなく、近隣の認知症カフェと情報を共有し、曜日を変えて開催できることをめざすほうが負担の軽減につながります。

Q31 マンネリ化してきています。どうしたらよいですか

● よいマンネリ化をつくる

「一定の期間、継続的に開催しているうちにマンネリ化してきた…」という声を耳にすることがあります。認知症カフェでは、毎回、カフェタイムとミニ講話が繰り返されます。認知症カフェは、繰り返し学び、いつの間にか理解が深まり、運営スタッフも来場者も、お互いに「顔なじみ」になっていくことをめざした、「しみこみ型」の学びと出会いの場といえます。また、繰り返されることや徐々に理解が深まっていく時間は、認知症の人にも居心地のよい体験になっていきます。これを「マンネリ化」と感じているのかもしれませんが、それでよいと思います。

企画・運営者は、毎回、何か新しいことをしなければ楽しんでもらえないのではないか、次回は来てもらえないのではないかという不安に駆られ、趣向を凝らし、沈黙をつくらないように必死になってしまうことがありますが、それは間違いです。実際に、ミニ講話の内容や認知症カフェで出会う人は毎回少しずつ変化があり、来場者の立場に立ってみると、変化に富んでいて、かつ安心感にもつながっています。イベント的な回があることは刺激になるかもしれませんが、毎回、お祭り騒ぎは必要ありません。認知症カフェは日常の延長線上にあるからです。認知症に対するハードルを下げ、私たちの人生の延長線上にある認知症について、コーヒーを飲みながらゆるやかな雰囲気のなかで学び、理解者と出会うことをめざしているからです。「日常」を演出するのが企画・運営者の役割です。

● 悪いマンネリ化を改善する

一方で、悪いマンネリ化もあります。望まない孤立が毎回続くこと、来場者がほとんど変わらず変化がないこと、情報コーナーの情報が更新されていないこと、くつろげない雰囲気が改善されないことなど、認知症カフェ特有のリラックスした空間が演出されていない状態の繰り返しは好ましくありません。こうしたことは、運営にどっぷりと没頭してしまうと見えづらくなってしまいます。来場者の動き、表情、会話のほか、時にアンケートなどを行って、客観的な情報を収集する必要があります。

新しい来場者が増えません。どうしたらよいですか

　固定メンバーが多いことは、安定の礎ができているということです。一見、停滞しているように感じるかもしれませんが、そうともいえません。一方で、認知症カフェは、これまで支援に結びつかなかった人が来ることを期待しています。そのため、できるだけハードルを低くして、さまざまな人に来てもらえるように工夫することはとても大切です。

　固定のメンバーしか来ないという状況は、安定から発展に向かうプロセスととらえることもできます。それをふまえて、場所、開催日、内容、運営体制について見直してみましょう。

　まず、同じ場所では、同じ人しか来られない可能性があります。その場所までの移動手段はどのような状況でしょうか。高齢の人は移動手段が限られるので、気になっていても来られない人がいる可能性があります。たまには会場を変えて、別の場所で開催してみるというのも1つの方法です。

　開催曜日についてはどうでしょうか。平日では仕事をしている人は来ることはできませんし、認知症の人はデイサービスなどを利用している可能性もあります。たまには、土曜日や日曜日に開催してみる方法もあります。

　内容についてはどうでしょう。毎回、歌や体操、音楽鑑賞の時間を楽しみに来る人もいて、とても充実した様子で帰っていきます。これはこれでよいのですが、歌を歌うことや体操が目的になっていくと、それができない人やその雰囲気に合わない人は来なくなります。

　固定メンバーに状況を理解してもらい、運営に協力してもらうこともよいかもしれません。固定メンバーは大切な理解者であり応援団でもあります。地域の人に認知症カフェについて伝えるための協力者となってもらうことにもなりますし、これからの認知症カフェの時間づくり、雰囲気づくりについて一緒に考えていく仲間として、運営を手伝ってもらうのもよいでしょう。多様な属性の運営スタッフがいると、多様な人に来てもらうことにつながっていきます。

第4章　Q&Aでわかる認知症カフェの運営と継続

6　継続と発展に向けて　135

「サロン」のような場所になってしまいました。どうしたらよいですか

　継続していくなかで経験が積み重なり、その場所の雰囲気はつくられていくものです。認知症カフェがサロンのような雰囲気になってしまい、それが来場者にとって「居心地のよい雰囲気」になってしまうと、その雰囲気を変えるのには大きな力が必要です。

　参加メンバーが固定化していたり、同じ世代の人だけ、同性だけになると仲間意識が芽生え、なじみの関係ができていきます。その空間はおだやかでとても居心地のよいものですが、新しい人が参加するには、少しハードルが高いように感じます。異なる世代の人や認知症の人、その家族などの場合、ここで時間を共有できるかどうかという不安はさらに大きくなり、とても入りづらいと感じるかもしれません。

　そのような場合には、2つの方法があります。1つは、振り出しに戻るつもりで内容を変えることです。コアメンバー会議を開き、地域の人と話し合います。いまの雰囲気をつくっている人を中心に、認知症について理解してもらう機会を設け、そのために内容を少し変えることを納得してもらう必要があります。もう1つは、そのサロン的な集まりは、それはそれで維持し、新たに認知症カフェをつくることです。サロン的な集まりは、専門職や企画・運営者があまりかかわらなくても継続するでしょう。したがって、そこにあまり労力をかけずに、同じ場所でもよいので、別の日に新たな認知症カフェをつくる計画を立ててみましょう。新たに企画・運営することで、それぞれの集まりの目的や役割も明確になります。おそらくその地域には両方の場が必要なのだと思います。

コラム18●「認知症カフェ」として継続するために

サロン化や認知症予防教室化を防ぐために、認知症カフェを立ち上げた目的をスタッフ間で話し合う時間を定期的に設けています。具体的には、「認知症になっても安心して暮らすことができる地域をつくる」という目的を確認し合います。認知症の人が来たときに認知症予防の活動をしていたら、その人はどう思うかを一緒に想像してみるのもよいと思います。「認知症について知ることができてよかった」「話ができてうれしかった」という来場者の声をみなで共有することも大切です。認知症カフェの役割を果たせているという体験を積み重ねることで自信をもって運営でき、サロン化や認知症予防教室化を防げるのではないでしょうか。

鈴木則子（うわまちオレンジカフェ／神奈川県横須賀市）

Q34 「認知症の人の居場所」となっていますが、それでもよいですか

　まずは、認知症カフェの対象と目的を確認しましょう。認知症カフェは、「認知症の人のためのカフェ」ではありません。認知症の人も含めたすべての人が、認知症を理解するために情報を共有し、新たな仲間と出会い、オープンな環境のなかで尊重し合える場所です。つまり地域に開かれた共生社会の縮図であり、その実現に向けて企画・運営者は、それぞれのバランスをとり、配慮された空間づくりをしなければなりません。

　一方、「認知症の人の居場所」とは、ピア・サポートの場であり、認知症施策でいえば「本人ミーティング」（Q2参照）に分類される活動になります。認知症の本人同士が出会い、経験の共有や心理的な共感のなかでそれぞれの想いや生活の工夫などを語り合う場です。ピア・サポートの場なので、地域の人や第三者は入らず、当事者だけのクローズドな環境です。自身の認知症を受け入れられない人や公表していない人も安心して参加することができます。

　認知症の人だけの集まりでは、そこで話された内容は公表しないというルールがありますが、認知症カフェには、そのようなルールはありません。認知症カフェは、日常生活の延長にあるオープンな場所です。したがって、周囲の迷惑になることはしない、集団プログラムを強要されず思い思いの時間を過ごすことができる、座る場所を指定されないなど、自由な空間をつくるためのルールがあります。

　もちろん、自分が認知症であることを公表するかしないかも自由です。認知症カフェは、一人の地域住民としてだれもが水平な関係のなかで、認知症についてタブーなく話すことができ、来場者のなかで自然に「認知症とともに生きる」という姿勢（マインド）が養われていくことをめざしています。認知症カフェには、「認知症とともに生きる」という姿勢を地域全体に広げ、共生社会を浸透させていく役割があるのです。

　認知症カフェは、常に地域に開かれていてオープンな雰囲気でなくてはなりません。今一度、認知症カフェの役割を確認し、あり方を検討してみてください。

認知症カフェの効果を測定することはできますか

● 効果測定のむずかしさ

　認知症カフェの効果を明らかにするには、いくつかの課題があります。まず、認知症カフェは多様な属性の人たちが参加しているために、それぞれが何を求めて来ているのか、認知症カフェに来ることで、どのような影響を受けているのかがわかりにくいことがあります。また、おおむね月1回の開催頻度であるため、介入効果としては弱く、しかもその間に別の地域活動やデイサービスに参加している可能性があるため、認知症カフェ単独の効果を把握しづらいこと、さらに、展開されるプログラムの内容が場所によって異なっていることや、なかには目的も異なっている可能性もあることなども効果測定をむずかしくしています。したがって、「認知症カフェの効果」を説明することには慎重にならなくてはなりません。

● 効果測定の方法と注意点

　一方で、特定の認知症カフェに参加する効果や、属性ごとの効果を測ることは可能です。たとえば、「A認知症カフェに参加する家族介護者の効果」や「認知症の人がA認知症カフェに参加しているときの発話数の経時的変化や継続参加による行動の変化」「地域の人が認知症カフェに参加することで認知症に対する認識がどのように変化したのか」などを測ることはできるでしょう。ただし、注意しなければならないのは、ある認知症カフェでは、そうした効果があったとしても、別の認知症カフェで同じ効果が得られるとは言い難い点です。繰り返しになりますが、場所によって、目的やプログラムに違いがあったり、来場者の属性に偏りがあったりするためです。

　「認知症カフェ」という取り組みの効果を明らかにするためには、認知症カフェ全体が同じ方向に向かっていくための、共通の目的をもつことが大切になります。評価の視点については「評価と改善」（p70）を参照してください。

7 地域の人の要望にどう応えるか

Q36 地域の人から「歌や体操をしたい」と言われます

● 歌や体操の功罪

　歌や体操を行うと人を集めやすくなります。ただし、来場者は歌や体操が好きな人に限られてきますし、イベントになってしまう可能性もあります。歌や体操を軸にした認知症カフェを開催する場合、歌や体操を楽しむという役割を心から演じることができればとても楽しい時間になりますが、もしもその役割を演じることができなければ、その空間から排除されてしまう恐れがあります。

● 自由な空間づくり

　認知症カフェには、認知症の人やその家族も来ます。そして、高齢者だけではなく、さまざまな年代、さまざまな境遇の人が来ます。したがって、「そのテーマに沿ったふるまいをしてもしなくてもよい」という懐の深さがほしいのです。

　公園のようなオープンな場をイメージしてみてください。そこでは何かを強要されることはなく、自由なスペースがあり、思い思いの楽しみ方や過ごし方をします。認知症カフェでは、大きなテーマとして認知症を理解し、考えるということがありますが、「支援する、支援される」という役割からすべての人が解放されて、同じ空間に集うことが大切です。

　歌や体操はあってもよいのですが、その際には、全体で行うことを強要されないように、テーブルごとに行うとよいかもしれません。強制的ではなく、明確な禁止もない、自由な時間の過ごし方に自然と誘導する空間づくりをしていきましょう。自然に誘導するためには、BGMの活用がおすすめです。生の演奏であれば、さらに特別感も出ます。ただしBGMなので、聴いても聴かなくてもよいのです。自由な会話とそこに集う人のつながりをつくるために、とても有効な方法になるはずです。

Q37 地域の人から「認知症予防に取り組みたい」と言われます

　ある認知症の人が「"認知症予防"という言葉はやめてほしい。"脳機能向上"にしてほしい」と言っていました。「認知症予防」は多くの人が望むことですが、それは「認知症になったら終わり」というイメージがあるためかもしれません。「認知症予防カフェ」という看板を見たら、おそらく認知症の人は入ることをためらうでしょう。「認知症カフェ」と「認知症予防カフェ」は対照的な位置にあるような気がします。

　「認知症予防に取り組みたい」と言う理由はさまざまだと思いますが、根底には「認知症にはなりたくない」という思いがあるのでしょう。そこには認知症という病気の「治らない」「何もわからなくなる」というイメージに対する恐怖があるのではないでしょうか。つまり、認知症予防に取り組みたいという人には、何か心配なことや心当たりがあるのだと思います。まずは、その人がなぜ、認知症予防に取り組みたいのかをしっかりと聴くことが大切です。

　認知症について正しく知ることは恐怖や不安感を軽減し、前向きに学ぼうという意欲を高めてくれます。では、「認知症を正しく理解する」とはどのようなことなのでしょう。認知症の早期診断や服薬が大切であること、薬の効き方や副作用には個人差があること、原因疾患によって異なる症状が現れることなどは確かに正しい知識ですが、認知症は、いまだ解明されていないことが多いというのも事実です。つまり「正しい知識」とは、その時点でもっとも新しい知識であるといえそうです。また、「本人の声」を自分事として聴くことも大切です。認知症は加齢による影響がもっとも信頼できる要因であり、生きることの延長線上にグラデーションのように広がっているものです。つまり、認知症カフェでは、認知症の本人だけが当事者ではなく、すべての人が認知症のことを考える「当事者」なのです。

　認知症予防に取り組みたいという人の「認知症にはなりたくない」という思いは否定せず、一方で「認知症になったら終わり」「何もわからなくなる」というイメージはきちんと否定し、修正するためにここで学ぶことを勧めるという対応が大事ではないでしょうか。

Q38 材料を持ってきて、モノづくりをする人がいます

　あるときを境に、認知症カフェのテーブルの1つに新聞の広告で折られたツルが置かれるようになりました。そして、回を重ねるごとに、そのツルが増えていきました。ツルが置いてあるテーブルを観察していると、カフェタイムの際に一生懸命ツルを折っている人がいて、隣の人にも紙を渡してツルを折るようにうながしている様子でした。この状況をどう考えたらよいでしょうか。

　認知症カフェのプログラムに「モノづくり」を組み込んでいるところもあります。認知症カフェでは、対話と情報共有が柱になるので、モノづくりは本質から外れるようにも思います。しかし、モノづくりやレクリエーションなどを取り入れていたとしても、認知症の人への配慮がなされ、情報提供の時間や専門職への相談の機会が保証されているなど、認知症カフェの要素が準備されていれば、認知症カフェの機能が十分に発揮されると思われます。ただし、モノづくりやレクリエーションでも、対話をしながらできるものが望ましく、折り紙や編み物などは、会話や交流を楽しみながら行えそうです。認知症カフェのよいところは、この事例のように、テーブルごとに思い思いの時間が流れている点ともいえます。

　材料を持参した人は、周りの人にもツルを折ることを勧めているようでしたが、同じテーブルの人たちも楽しんでいる様子でした。もし来場者全員に、ツルを折ることを強要しようとしていたら、少し遠慮してもらわなければならないでしょう。また、内容によっては性別や世代が限られてしまうこともあるので注意が必要です。

コラム19 ● 認知症カフェでの「マフ」づくり

病院や施設で使ってもらうため、認知症カフェでマフづくりを行っています。認知症マフとは、認知症特有の症状から手元に不安を感じる人が触れたり手を通したりして落ち着くことができるように、さまざまな飾りを縫い付けた円柱型のニット小物です。「だれかの役に立つし、自分のためにもなる」「話し相手がいるって何よりの楽しみ。家でも編める。まだだれかのために何かできる」と、マフづくりを通して会話が生まれます。元・医療関係者や民生委員も参加して、お互いがつながり、学び合い、癒しの機会にもなっています。認知症カフェでの編み物は、コミュニケーションのきっかけ、カフェに出かける理由の1つになっています。

富樫千代美（福岡県久留米市）

Q39 質疑応答で手を挙げたり、質問したりする人がいません

　「ミニ講話」では、質問コーナーを設けることが多いですが、そのような場で手を挙げて質問をするのはとてもハードルが高いことです。仮に言いたいことがあっても、数人の質問を聞いて「自分が考えていることはこの場の雰囲気に合っているか」を確認してから、遠慮がちに手を挙げることが多いのではないでしょうか。意見を真っ先に言える人はそんなにはいません。したがって、まったく手が挙がらないか、毎回、ほぼ同じ人が質問するという状況になるのです。

　質疑応答の大切なところは、質問者と講師とのやり取りに「そうそう」と合点がいくことがあること、思っていたことを別の人が質問してくれると、とてもうれしい気持ちになることです。質問者と講師とのやり取りが参考になることもあります。したがって、やはり質問コーナーは必要なのです。

　質問コーナーで手が挙がらない場合、まずは、声を出さなくてもよい方法を考えてみましょう。テーブルの上にペンとメモ用紙を置いておき、そこに質問を書いてもらいます。それに対して講師が答えるという方法です。そのテーブルにいる専門職が、質問者の代わりに書くというのもよいでしょう。

　もう1つは、呼び水となる質問をファシリテーターや各テーブルの専門職が行う方法です。それだけで、次々と質問が寄せられることもあります。それでも手を挙げる人はだいたい決まってきますが、その質問のやり取りは会場の満足感を生むでしょう。さらに、ミニ講話の直後に質問コーナーを設けるのではなく、ミニ講話の後に一度、「カフェタイム」を挟む方法もあります。「カフェタイム」では、ミニ講話の感想など、次々に意見が出てくるでしょう。手を挙げなくてもよいですし、人から注目されないので気楽だからです。それを各テーブルの専門職が聞いて、後の質問コーナーで発表するという方法です。

　同じ人が何度も質問して、場を独占してしまうこともあります。毎回、その状況が続くと、周りの人はうんざりしてしまうかもしれません。そのような場合は、いったん話を止めて、その人には後で個別に話をすることを約束し、その場を来場者全体の場として保証する必要があります。

認知症の人の前で「私は認知症にはならない」と断言する人がいます

　私たちは、これまでの経験や断片的な知識や情報から物事を判断する場合があります。「私は認知症にはならない」という発言もこれに当てはまるのではないでしょうか。このような発言には根拠がなく、偏見にもつながりかねません。

　では、どのように考えたらよいでしょうか。おそらく「自分も含め、だれもが偏見をもっている」「私も認知症の当事者である」ということを意識する必要があると思います。「認知症にはならない」という言葉の背景には、「自分は当事者ではない」「当事者とは認知症の人のことである」という主張が含まれているように思います。人を「認知症か認知症でないか」という枠組みでとらえており、「認知症ではない私」には関係ないと主張しているのです。

　「認知症にはなりたくない」「認知症になったら終わり」と考える人が多ければ多いほど、認知症の人を取り巻く環境は悪化しますし、その偏見は増長される恐れがあります。一方で、単に偏見をなくそうと訴えることは、かえって「認知症は他人事」ととらえる人を増やす可能性もあります。認知症カフェで、毎回「認知症にはなりたくない」「認知症には絶対にならない」と話す人がいるからこそ、認知症カフェを続ける意義があるように思います。

　認知症の人の前で、「認知症にはならない」と話す人についてはどのように対応したらよいのでしょうか。実際にこうした場面に遭遇したことがありますが、正直に言えばどうしていいかわかりませんでした。とりあえず、その人の話を遮り、違う話題を振り続けました。この対応は、いま考えても適切ではなかったのではないかと迷うところです。おそらく「私は認知症にはならない」と話した人には、認知症について心配なことがあったのではないかと思います。もの忘れが気になっている、自分の親も同じくらいの年齢で認知症になった、近所の人で心配な人がいる、などです。

　いずれにしても、「認知症にはならない」「認知症になったら終わり」と感じる人や発言する人がいる限り、認知症カフェは必要な社会資源であり続けるのだと思います。

7　地域の人の要望にどう応えるか

「騒がしいからもう来ない」と言って帰ってしまった人がいました

● 何を求めて来たのかを把握する

人が多く集まるとどうしても騒がしくなります。また、BGMなどもあり、余計に騒がしく感じる人もいるでしょう。テーブルで会話が盛り上がると隣のテーブルの声を邪魔に感じたり、自分のテーブルが静かだと隣のテーブルの話が気になったりします。話をしていないと居心地が悪いと感じることもあります。一生懸命盛り上げようとしてもなかなかうまくいくものでもありませんし、話が盛り上がることが必ずしもよいこととはいえません。それが本質的な目的ではないからです。

実際に「騒がしいからもう来ない」と言って帰ってしまう人に遭遇したことがあります。特に、はじめて来る人には、何を求めて来たのかを入口でていねいに聞き取る必要があります。介護の悩みがあって来たのか、ミニ講話に期待して来たのか、自分のことが心配だから来たのか、だれかに誘われて来たのかなど、一人ひとり来る理由は異なります。入口にはいつも来ている専門職スタッフに待機してもらい、最初の聞き取りの役割を担ってもらいましょう。

● 意図的な環境づくりをする

テーブルの配置は場の雰囲気を決める非常に重要な要素です。会場の準備をする際にもっとも配慮が必要なポイントといえます（Q21参照）。環境の大切さは、アルツハイマーカフェを始めたベレ・ミーセン氏が最初に気づいたことでした。彼は、認知症の人が、面接場面で最初に「落ち着く」と感じるのは、いすの座り心地、テーブルから見える風景や環境だと気づきました。したがって、認知症カフェにおいても、そこに座るとどのような風景が見えるか、その人が期待していた体験が得られるか、騒がしすぎないかを来場者の隣に座って確認してみましょう。認知症の人の場合は、その人の体調や心理的な状態によって一人で居られる場所や静かな場所など、逃げ場となる空間があることが望ましいと思います。

8 認知症の人とのかかわり

Q42 認知症の人に何か役割を担ってもらう方法を教えてください

● 認知症の人も活躍できるカフェ

　認知症の人が、ハンドドリップでコーヒーをていねいにいれたり、抹茶を立てたりする認知症カフェもあります。私のかかわる認知症カフェでは、認知症の人がオーダーを受けたり、飲み物を運んだりしています。たまにオーダーを忘れてしまったり、混乱してしまったりすることがありますが、その際には家族がそっと手伝ってくれます。来場者は、その人が認知症であることを知りません。隠しているわけではありませんが、公表する必要もないのです。仲間として、他のスタッフと同様に役割を担うことが大切です。

　ただし、役割を担うことだけを期待して誘う必要もありません。繰り返しになりますが、認知症カフェを継続していくためには、みなが同じ立場で、無理なく活動することが大切だからです。認知症であるかどうかではなく、それぞれが役割を担うことを優先しましょう。つまり「認知症の人が活躍するカフェ」ではなく、「認知症の人も活躍できるカフェ」または「認知症の人とともに活躍できるカフェ」という水平な視点でとらえ、ともに認知症カフェという場所をつくる仲間として考えてみるとよいと思います。だれでも入ることができて、どのようにかかわってもよいという寛容さが大切です。

● 認知症の人にしか担えない役割

　一方で、認知症の人にしか担うことのできない役割があります。それは「認知症の人は、いまやこれからのことを語ることができる」という事実に目を向け、それをあきらめている人の声を引き出す役割です。認知症の人が診断直後の人の想いに耳を傾け、心理的な支援を行ったり、認知症の人が認知症の人の悩みを聞き、前向きに生きるための第一歩を踏み出すサポートを行うなどのピア・サポートです。もしも積極的に語ることができる認知症の人がいれば、認知症カフェにおいて、認知症の人同士が話をする機会をつくることもよいのではないでしょうか。自然に、ゆるやかに、同じ立場の人同士の支援の場が育まれていくと思います。

認知症カフェに来る途中で行方不明になった人がいました。対応や防止策を教えてください

　認知症カフェを続けていくとさまざまなことが起こります。毎回、欠かさず認知症カフェに来る夫婦がいました。夫が認知症で、毎回この日を楽しみに、電車を乗り継いで来ていました。

　あるとき、始まって10分ほど経過した頃に、妻が肩で息をしながら一人で駆け込んで来ました。落ち着いて話を聞くと、家を一緒に出たあと、駅の構内で夫を見失ってしまったとのことでした。「一緒に歩くのは恥ずかしいというので、少し離れて歩くようにしているのですが、見失ってしまって…」ということです。すぐに認知症カフェのスタッフが、その日の服装と年齢、認知症であることを鉄道会社に伝えたところ、連絡網で全駅に周知し、捜索の手配がなされました。

　いつもどおりに認知症カフェを進めながら、各所に連絡をしつつ、鉄道会社からの連絡を待っていましたが、どこにも見当たらないという回答でした。40分ほどして、妻が「見つかりました！　家に電話をしたら出ました！」と驚きと安堵が混在したような表情で報告してくれました。夫は、迷ってしまったので、タクシーに乗って家に帰ったとのことでした。スタッフ一同、胸をなでおろしました。

　それからは、認知症の人と家族には、認知症カフェの名刺を渡すようにしています。開催場所の住所と担当者の携帯電話の番号を大きく書いたもので、財布やポケットに入れておいてくださいと言って渡しています。予約制にしたり、事前に電話をしたりすることも考えましたが、それは希望者だけにしました。

　認知症の人が来ることがわかっている場合は、その人がどこの地域包括支援センターの管轄であるのか、また、SOSネットワークや警察の認知症行方不明者の事前登録をしているかなどを確認しておくとよいでしょう。

Q44 認知症の人が「自分のことがいやになってしまう…」と嘆いています

　アルツハイマー型認知症は、初期から短期記憶の障害がみられます。そのため、家族や友人、職場の人などから責められたり、蔑まれたりすることがあり、自信を失ってしまいます。その状況は、本人がいちばん苦しんでいることであり、それを責められると行き場を失くしてしまいます。

　人がネガティブな発言をするときは、話を聴いてほしいときです。まずはその人のいまの状況をよく聴きましょう。何が苦しいのか、そのときどうしているのかをよく聴くこと以外にできることはありません。専門職は「何かよい言葉をかけなければ」と、さまざまな技法を駆使しようとするかもしれません。しかし、一人の力では到底、解決できるものではないでしょう。よい支援をしようと思えば思うほど力が入り、相手は急かされている気持ちになる可能性もあります。もしもできることがあるとすれば、最低限「悪い支援」をしないことくらいではないでしょうか。「悪い支援」とは、非難すること、良し悪しの判断をすること、一般化すること、守秘義務を犯すことなどです。この場面でできることは徹底的に話を聴くことであり、話をしてもらうことです。

　ひとしきり話を聴いたら、その人の趣味や、これまでにやってきたこと、最近気になっていること、楽しいことなどをゆっくりと聴いてみましょう。このとき気をつけたいのは、「いつ？」「どこで？」などの質問をしないことです。「どこに行きましたか」という質問よりも「どこに行きたいですか」がよいでしょう。ある人は「山に登りたい。でもこの身体じゃあ、もう無理だね」と言うので、「1時間程度で登れる山もありますよ」と問いかけてみると、希望に目を輝かせて「行ってみたいなあ」と言いました。そして「じゃあ行こう」という話になりました。

　認知症が進行すればこうした会話もむずかしくなるかもしれません。しかし、初期のうちにポジティブな感情をたくさん得ることで、その先の認知症の人の心理的安定や家族との関係性によい影響を与えることがわかっています。認知症カフェでの、認知症の人とのコミュニケーションで大切にしたいことの1つです。

認知症と診断された人が自動車やオートバイを運転して来ます

　認知症の人が自動車やオートバイを運転して来ることがあります。以前、毎回オートバイで来ている人がいました。話を聞くと、どうも一方通行を逆走して来ているようでしたが、本人は「小回りがきくからバイクはいいよ」と笑顔で話していました。心配になって担当の医師に聞いてみると、認知症と診断されていることがわかりました。その次に来たときに、「電車には乗れますか」と聞いてみると、ふだんから乗っているとのこと。そこで「電車の駅とバス停がすぐ近くにあるので、電車やバスで来てくださいね」とお願いをすると、次回から電車で来るようになりました。あまりにあっさりと受け入れていたので少し拍子抜けしましたが、結果的には成功でした。黙認せず、まずは本人に確認することが大切です。

　また、毎回、助手席に妻を乗せて、自動車を運転して来る人もいました。認知症と診断されているようですが、認知機能の状態をふまえて、医師から「慣れた場所で近距離であって同乗者がいる場合に限り」運転を許されているとのことでした。とても心配ではあるのですが、認知症カフェの運営者が免許を取り上げる権限はありませんので、静観している状況です。

　運転免許証の返納は、本人の自尊心にもかかわる大変デリケートな問題です。先のオートバイで来ていた人のように、スムーズに交通手段を切り替えることができるケースばかりではありません。また、認知症と診断されていなくても、運転が危ない人もいるので、認知症カフェに自動車やオートバイで来る人の運転能力や適性なども注意して見ておく必要があります。車体の擦り傷やへこみなどにも気をつけておきましょう。危ないと感じる人がいれば、ぜひ、本人に聞いてみてください。別の来場者とつなげることで、移動手段を確保できるかもしれませんし、何かよいアイデアが浮かぶかもしれません。それが認知症カフェでできることではないでしょうか。

　その場で説得して、運転をやめさせようとするのではなく、また、見て見ぬふりをして「容認」したり「黙認」したりせず、よく話を聞くことから始めてください。

9 家族とのかかわり

Q46 家族から「本人に『認知症かもしれない。病院に行ってほしい』と伝えられない」と相談を受けました

　まずは「なぜ家族は認知症であることを本人に伝えられないのか」を聞いてみることが大切です。家族も、自分の親や夫や妻が認知症であることを認めたくない可能性や、ほかの家族のなかにどうしても認めない人がいる可能性もあります。本人に対するやさしさや切なさとの葛藤なのかもしれません。

　本人が「どこも悪くない」と言って受診を拒否している場合でも、おそらく違和感はあると思います。したがって、本人をだまして病院に連れて行くような方法は避けたいところです。「一緒に健康診断に行こう」などと声をかけて、まずは病院に行くことを優先し、医師から状況を伝えてもらうほうがよいでしょう。それでも拒否する人もいますが、真摯に本人と向き合い「心配だから、私たちのためにも一緒に行こう」とお願いする姿勢が大切だと思います。

　特に自宅で生活している場合は、日頃の違和感やできなくなっていく感覚は本人がいちばんわかっています。請求書の支払い、回覧板の順番、調理、薬を飲むことなど、日常生活は、記銘と再生の連続だからです。それでも、身体の痛みなどの自覚症状がほとんどないため、「もう少し様子を見よう」と受診を先延ばしにしてしまうことがあります。また、「もしも認知症だったら怖い、どうしよう」という想いや、「どうせ治らないのだから病院に行っても仕方ない」という想いもあるでしょう。家族には、認知症は昔と違って必ずしも重症化するだけではないこと、ゆるやかに歳を重ねるように進行する人もたくさんいることを伝え、本人にも伝えてもらうようにします。そのための第一歩として、診断を受けることが大切です。

　同時に、認知症カフェでは、いまの困りごとを解決する方法や在宅生活において便利な介護サービスについての助言などをていねいに行います。家族から受診を勧めることがむずかしい場合は、現在のかかりつけ医から伝えてもらうよう調整するという方法もよいでしょう。適切な情報を適切なタイミングで提供するために、近隣の認知症専門医や認知症疾患医療センターなどの情報をいつも準備しておくことも大切です。

家族から「父が入所している施設に対して不満があるのですが」と相談を受けました

　認知症カフェに来た家族が、小さな声で「父が入所している施設に対して不満があるのですが」と話してくれました。父親が有料老人ホームに入所中とのことでした。この人が認知症カフェで相談をした理由は、直接の担当ではない別の専門職の意見を聞きたかったからかもしれません。認知症カフェでは、ほかにも「医師の対応の悪さを聞いてほしい」「ケアマネジャーを変えたい」というような相談をよく受けます。

　このような相談を受けた場合、すぐに家族の声に賛同するだけではなく、相談の意図や背景を考えてみることが大切です。話を少し深く聞いてみると、この人の父親は、認知症があり、「聞こえてはいるが、話はできない」という状態で、いまの施設ではあまりかかわってもらえず、さびしいのではないかと心配していました。また、何とかコミュニケーションをとりたいと、コミュニケーションボードを使って文字を指してもらうようにはたらきかけているとのことでした。認知症であれば、比較的初期から「かな拾い」はむずかしくなります。しかし、そのことを知らずにもっとも苦手な方法を選択していたことがわかりました。そこで、書くことができるか試すこと、文字ではなくイラストを準備して意思の確認をすることなどを提案すると、晴れやかな表情になり「やってみます」と明るい返事が返ってきました。

　人員配置基準からすれば、特別養護老人ホームやグループホームのほうが手厚いかかわりが可能かもしれません。だからといって、いまの施設が悪いとか、すぐに別の施設に移ることを勧めるというのも違うように思います。この事例では、いちばんのニーズは「父親とコミュニケーションを図りたい」ということでした。まずはそこからスタートし、次のステップとして施設の話に進むというように、緊急性の観点から助言し、家族を支えていくとよいでしょう。

Q48 「認知症の母を呼び寄せて同居すべきか悩んでいます」と相談を受けました

　認知症カフェに、介護の悩みを相談しに来る人もいます。あるとき、一人でフラッと立ち寄ったという印象の50歳代の女性から相談を受けました。この人は、認知症カフェが開催されている場所の近くに住んでいて、自宅から車で2時間ほどの所に認知症の母親が一人で暮らしているということでした。1か月に1回は様子を見に行き、ときどき自分の家に連れて来ているということですが、最近、認知症の症状が進行しているような気がしていて、「すぐに呼び寄せて一緒に暮らすべきか、または、もう少し様子をみるほうがよいのか」と聞かれました。

　この場合は、まずは母親の居住地域の地域包括支援センターに相談をしているかどうかを確認します。もしも地域包括支援センターに相談しているのであれば、その見解や方針をよく確認しましょう。また、次のような助言や情報提供が役立つでしょう。

　認知症であるからといって、一人暮らしができないとは言い切れません。地域の支えがあり、訪問・通所サービス等を使って見守りができているかどうかで状況は異なります。火の元の心配や転倒の恐れがある場合も、ガスコンロを使わない方法や住宅改修を検討することもできます。一人暮らしでむずかしくなることは、服薬管理、食事のバランスや摂取量の低下、各種支払い、入浴や洗濯などたくさんあります。一人暮らしや軽度の認知症の人向けに、介護保険サービスだけではなく、NPOなどの保険外サービスがあることも伝えます。また、自宅内の無駄なものは処分し、できるだけわかりやすい生活環境に整えることで混乱を少なくすることもできます。

　何より本人の気持ちを優先しつつ、家族の心配をできるだけ少なくするように配慮しましょう。いずれにしても、家族は本人が心配なのです。その気持ちを十分に語ってもらうことは、家族の介護への耐性を養うことにつながり、継続の力にもなっていきます。助言しようと思うだけではなく、その場で解決できずともしっかりと聴くことが大切です。それが認知症カフェの役割でもあります。

「認知症であることを知られたくないので本人を連れて来られない」と言う人がいます

　認知症カフェは、認知症であるかないかにかかわらず、すべての人が気兼ねなく来ることができる場所であり、そこから認知症に共感的で寛容な社会をつくっていくことをめざしています。認知症カフェでは、自分が認知症であるかどうかを公表する必要はありません。認知症の人が気兼ねなく安心して来ることができる場にするためには、運営者は、認知症の人が傷つかない、リラックスできるための十分な人的・物理的配慮をする必要があります。

　人口が少なくだれもが顔見知りで、幼なじみのような関係の地域では、認知症の診断を受け入れ、公表することにとまどいを感じる人も多くいるのが現状です。そのために、企画・運営者は本人に了解を得たうえで、同じテーブルに座る人や認知症サポーター養成講座を受講した人に伝えておくことも検討しましょう。とはいえ、全体で周知するということではなく個別に伝えるほうが望ましいですし、最初はできる限り、専門職スタッフをテーブルに配置するとよいでしょう。

　認知症を受け入れることがむずかしい人や診断直後の人のなかには、認知症カフェという場が合わない人もいます。とまどいと不安のなかにいる人や認知症とともに地域で生きる準備が整っていない人の場合、家族や周囲のささいな言葉に深く傷つき、心を閉ざしたり心身の不調につながることもあるからです。そのような人には、まずは認知症の人同士の集まり（本人ミーティング）やピア・サポートが望ましいでしょう。また、家族が本人へのかかわり方で悩んでいる場合には、「認知症の人と家族の一体的支援プログラム」への参加が望ましいと思います（Q2参照）。

　認知症の支援では、そのときのその人の状況に応じた社会資源を適切に活用していくことが大切です。そのためには、こうした社会資源の選択肢が、地域にあることが前提です。認知症カフェしかないという地域は、社会資源の整備・開発に向けて、行政や関係者と検討していく必要があります。これにより、認知症カフェはその機能を発揮し、認知症になっても安心して暮らせる地域、そして共生社会の実現に大きな役割を果たすことになります。

参考文献

呉秀三「精神病ノ名義ニ就キテ」『藝備医事』157、1909年

矢吹知之ほか編『認知症の人とともにあたりまえに生きていく―支援する、されるという立場を超えた9人の実践』中央法規出版、2021年

読売新聞「[時代の証言者] ボク、認知症　長谷川和夫＜20＞「なぜ私が？」に答えられず」2018年9月8日朝刊

栗田季佳『見えない偏見の科学―心に潜む障害者への偏見を可視化する（プリミエ・コレクション53)』京都大学学術出版会、2015年

Alzheimer Nederland Foundation：Manual Alzheimer Café With supplement for the Alzheimer Teahouse, 5－27, Nederlands.2016

B. Miesen「Dement: zo gek nog niet: Kleine psychologie van dementie.」Bohn Stafleu van Loghum; 4th ed. 2009

WAC編『コミュニティカフェをつくろう！』学陽書房、2007年

平田オリザ『わかりあえないことから―コミュニケーション能力とは何か』講談社、2012年

Donabedian A：Evaluating the quality of medial care. Milbank Memorial Fund Quarterly 44：p166-206, 1966.

Dement：zo gek nog niet（英訳：Dementiain Close-up）

Het Alzheimer Café Concept®: oorsprong en vervolg　Bère Miesen, PhD　2017

Manual Alzheimer Café‐With supplement for the Alzheimer Teahouse‐Alzheimer Nederland 2016

山中しのぶ「認知症になってからのセカンド・ストーリー私が大切にしていること」『おはよう21』2023年11月・12月号、中央法規出版、2023年

矢吹知之『認知症カフェ読本―知りたいことがわかるQ&Aと実践事例』中央法規出版、2016年

編著者紹介

ベレ・ミーセン（Bère Miesen） 1946年オランダルールモント生まれ
専門　老年心理学、老年精神医学　博士（心理学）
元・ハーグ応用科学大学（The Hague University of Applied Sciences）准教授
1990年ナイメーヘン大学とライデン大学にて博士論文「愛着と認知症」を発表。認知症の人や家族のもつトラウマについてケアホームでの臨床と実践を通して研究を進める。1997年にオランダで「アルツハイマーカフェ・コンセプト」を生み出し、世界的な支持を受けている。ベレ氏およびその功績は、オランダ王室やオランダアルツハイマー協会などによる受賞経歴をもつ。現在も、オランダアルツハイマー協会の『アルツハイマーカフェ・マニュアル』の監修、アルツハイマーカフェモデレーター研修の監修などを務めている。

矢吹知之（Tomoyuki Yabuki） 1972年長野県安曇野市生まれ
専門　社会福祉学　教育情報学　博士（教育情報学）
高知県立大学社会福祉学部 教授
東北福祉大学大学院、東北大学大学院教育情報学博士後期課程修了後、青森大学社会学部講師、東北福祉大学総合福祉学部准教授、併せて認知症介護研究・研修仙台センター研修部長を経て現職。家族支援における認知症の人・家族のどちらにも偏らない支援について、実践に基づく研究を行う。2014年からベレ・ミーセン氏に師事し、仙台市にてオランダスタイルの認知症カフェ「土曜の音楽カフェ♪」を開催するほか、認知症の本人による本人のための相談窓口「おれんじドア」の実行委員を務める。2023年から高知県に移り、「土曜の永国寺カフェ」「ミーティングセンター高知」を始める。著書に『認知症カフェ読本―知りたいことがわかるQ＆Aと実践事例』（中央法規出版、2016年）、『わたしが私であるために―認知症の人がもつ不安、恐れ、そして安心』（共著、ワールドプランニング、2022年）などがある。

執筆者および執筆分担

矢吹知之 ………… 第1章1・2・4、第2章、第3章1・2、第4章
（高知県立大学社会福祉学部 教授）
ベレ・ミーセン …… 第1章3
（元・ハーグ応用科学大学 准教授）
加藤伸司 ………… 第3章3
（認知症介護研究・研修仙台センター センター長／東北福祉大学 教授）

コラム執筆

原川均（ふる～るカフェ／静岡県田方郡函南町）……コラム1
髙木はるみ（オレンジカフェ上京／京都府京都市）……コラム2
古東庸子（おれんじカフェぴぱ／北海道美唄市）……コラム3
中島珠子（たんぽぽカフェ／東京都渋谷区）……コラム4
柳沼裕子・石坂光央（虹色カフェたいない／新潟県胎内市）……コラム5
城田浩太郎（あおのはカフェ／福岡県中間市）……コラム6
中山寛人（ら６カフェ／山口県下関市）……コラム7
平野享子（オレンジカフェ（認知症カフェ）／大阪府池田市）……コラム8
北田千惠（にじいろカフェ（オンライン夜カフェ）／和歌山県和歌山市）……コラム9
浜井秀子（さがっぱとTea Time／神奈川県相模原市）……コラム10
山内加奈江（EVERY CAFE（エブリィカフェ）／三重県四日市市）……コラム11
坂東真由美（長沼ゆったりカフェ／山形県鶴岡市）……コラム12
今田絵理子・松本玲子（にじいろカフェたるみ／香川県丸亀市）……コラム13
中村勝利（哲学カフェ、なないろカフェ／大阪府箕面市）……コラム14
相馬房嘉（くるま乃カフェまなびや／新潟県新発田市）……コラム15
和田泰子（楽笑カフェ／兵庫県姫路市）……コラム16
今野繁昭・熊澤則子（Mカフェ／山形県天童市）……コラム17
鈴木則子（うわまちオレンジカフェ／神奈川県横須賀市）……コラム18
富樫千代美（福岡県久留米市）……コラム19

コラムの執筆に快く協力いただいた全国の認知症カフェモデレーター※のみなさんに、心より感謝申し上げます。

※認知症カフェモデレーターは、オランダアルツハイマー協会およびベレ・ミーセン氏の許可を得て行われる「認知症カフェモデレーター研修」（日本版）の修了者です。

執筆協力

中條永味子（Japan Cultural Exchange）
Ingeborg Hansen

中條さんとIngeborgさんには、オランダでアルツハイマーカフェのフィールドワークと翻訳の橋渡しをしていただきました。Please accept my deepest thanks.

共生社会をつくる　認知症カフェ企画・運営マニュアル
基本、実践、評価のポイントがわかる

2025年3月20日　発行

編　著　者　　矢吹知之（Tomoyuki Yabuki）／ベレ・ミーセン（Bère Miesen）
発　行　者　　荘村明彦
発　行　所　　中央法規出版株式会社
　　　　　　　〒110-0016　東京都台東区台東3-29-1　中央法規ビル
　　　　　　　TEL 03-6387-3196
　　　　　　　https://www.chuohoki.co.jp/

印刷・製本　　　　　　　株式会社ルナテック
本文・装丁デザイン　　　澤田かおり（トシキ・ファーブル）
イラスト　　　　　　　　のだよしこ

定価はカバーに表示してあります。
ISBN978-4-8243-0208-3

本書のコピー、スキャン、デジタル化等の無断複製は、著作権法上での例外を除き禁じられています。また、本書を代行業者等の第三者に依頼してコピー、スキャン、デジタル化することは、たとえ個人や家庭内での利用であっても著作権法違反です。
落丁本・乱丁本はお取り替えいたします。
本書の内容に関するご質問については、下記URLから「お問い合わせフォーム」にご入力いただきますようお願いいたします。
https://www.chuohoki.co.jp/contact/

A208